# Mogontiacum-Mainz

# LINUS AUS MOGONTIACUM

## GESCHICHTEN AUS EINER RÖMISCHEN STADT

für Kinder und Junggebliebene

# LINUS AUS MOGONTIACUM

## GESCHICHTEN AUS EINER RÖMISCHEN STADT

für Kinder und Junggebliebene

von Margot Klee
mit Zeichnungen von
Lydia Schuchmann

VERLAG PHILIPP VON ZABERN · MAINZ AM RHEIN

122 Seiten mit 21 farbigen Zeichnungen, 49 Farb- und 4 Schwarzweißabbildungen

*Bibliographische Information der Deutschen Bibliothek*

Die Deutsche Bibliothek verzeichnet diese Publikation in der Deutschen Nationalbibliographie; detaillierte bibliographische Daten sind im Internet über <*http://dnb.ddb.de*> abrufbar.


ISBN 3-8053-3474-5

Texte: Margot Klee
Zeichnungen: Lydia Schuchmann
Gestaltung: Melanie Barth, Verlag Philipp von Zabern, Mainz

Printed on fade resistant and archival quality paper (PH 7 neutral) · tcf

# *Inhalt*

# *Dank*

Ein herzliches Dankeschön möchte ich allen sagen, die mich bei den Arbeiten an diesem Buch mit Rat und Tat unterstützt haben, ganz besonders Frau Dr. Marion Witteyer, Frau Dr. Annette Nünnerich-Asmus und meiner Mutter.

Gewidmet ist das Buch allen ‚meinen' Kindern.

## Wissenswertes

Linus ist ein aufgeweckter und intelligenter Junge, der seine Umwelt genau beobachtet. Er stammt aus einer keltischen Familie und wächst in den Jahren um 120 n. Chr. in der römischen Stadt Mogontiacum auf. Seine Eltern leben in der traditionellen Weise der Einheimischen und stehen den vielen Veränderungen, die die Römer in das Land gebracht haben, eher skeptisch und ablehnend gegenüber.
Als Linus dem gleichaltrigen Römerjungen Felix begegnet, beginnt für die beiden eine spannende Zeit. Gemeinsam entdecken sie in Mogontiacum viel Neues, erfahren zugleich aber auch etwas von den Lebensgewohnheiten des anderen.

# *Wer ist Linus?*

Die Überreste römischer Städte kennen viele. In Mainz werden das antike Theater oder der Drususstein besucht, in Köln die Wasserleitung und das Praetorium besichtigt, in Xanten vermittelt der Archäologische Park mit dem Hafentempel, dem Theater und der Herberge einen Eindruck von einer römischen Stadt. In Trier zeugen noch immer die Thermen und die Basilika von der bedeutenden Vergangenheit.

Immer wieder aber wird bei dem Besuch der antiken Monumente die Frage gestellt: Wie haben die Menschen in diesen Städten eigentlich gelebt? Gab es schon damals Verkehrsstau und Parkprobleme, gab es technische Neuerungen, mit welchem Spielzeug spielten die Kinder, wie ging es in der Schule zu? Diese Fragen ließen sich beliebig fortsetzen.

Darauf sollen die Geschichten von Linus eine Antwort geben. Sie spielen in der römischen Stadt Mogontiacum, dem heutigen Mainz. Deshalb wurde die bekannte Topographie der antiken Siedlung berücksichtigt und die in den letzten Jahren vom Landesamt für Denkmalpflege Rheinland-Pfalz neu ergrabenen Befunde eingearbeitet. Gleichzeitig beschreiben die Geschichten aber auch ganz allgemein den römischen Alltag, so daß sie nicht ausschließlich an Mainz gebunden sind, sondern sich

*Er hat wirklich gelebt: Linus, ein keltischer Bewohner des antiken Mogontiacum. Wir kennen ihn aber nur durch einen Altar, den er der Göttin Isis geweiht hat und auf dem zu lesen ist:*
Linvs hat der Göttin Isis, wie es sich gehört, sein Gelübde froh und freudig erfüllt.

auf zahlreiche Städte und Siedlungen jener Zeit wie Colonia Claudia Ara Agrippinensium (Köln), Augusta Treverorum (Trier) oder für uns namenlose kleine Ortschaften wie Bad Kreuznach oder Schwarzenakker übertragen lassen. Auch die Wechselbeziehungen zwischen der römischen und der einheimischen Kultur werden deutlich, die im frühen 2. Jhd. n. Chr. das Leben in der Provinz Germania Superior (= Obergermanien) bestimmten. Viele der Originalfunde sind in der Schausammlung des Landesmuseums Mainz ausgestellt.

Die einzelnen Kapitel bilden eine durchlaufende Geschichte. Einzeln gelesen können sie aber auch dem Thema entsprechend den Besuch einer römischen Stätte ergänzen. Die den Erzählungen vorangestellten Infoblöcke, auf die am Rand des Textes durch ☛ verwiesen wird, geben für ältere Kinder und Interessierte in knappster Form zusätzliche Erklärungen.

Linus, von dem in diesem Buch erzählt wird, hat übrigens wirklich in Mainz gelebt. Wir kennen ihn durch einen Altar, den er der ägyptischen Göttin Isis geweiht hat. Der Stein wurde bei den Ausgrabungen in der Römerpassage gefunden und ist heute in der ‚Taberna Archaeologica' im Untergeschoß des Einkaufszentrums ausgestellt.

# *Linus und seine Familie*

*In den einfachen Wohnvierteln von Mogontiacum gab es noch kein fließendes Wasser. Deshalb mußte Linus jeden Morgen an einem Straßenbrunnen in einem großen Gefäß das Wasser holen.*

## Wissenswertes

### Stadtpläne

Römische Städte sind nach genauen Plänen angelegt worden. Im Zentrum finden sich mit dem Forum (Marktplatz), der Curia (Rathaus) und Tempeln wichtige öffentliche Einrichtungen. Reiche Familien ließen in der Nähe des Zentrums prachtvolle Villen aus Stein erbauen. Am Stadtrand standen einfache, meist aus Holz errichtete Wohnhäuser, in denen ärmere Familien lebten. Diese Grundstücke sind von römischen Ingenieuren so vermessen worden, daß möglichst viele von ihnen direkt an die Straße grenzten.

### Streifenhäuser

Die in diesem Kapitel beschriebenen Häuser finden sich in allen römischen Siedlungen sowie in den Händler- und Handwerksvierteln größerer Städte und werden nach dem typischen, langgestreckten Grundriß als ‚Streifenhäuser' bezeichnet. Obwohl sich Holz nur in feuchten Böden erhält, sind auch in Deutschland Reste von Holzhäusern ausgegraben worden. Viele Einzelheiten wie z. B. der farbige Verputz können trotzdem nur durch Vergleiche mit dem Mittelmeerraum erschlossen werden. Von der Innenausstattung der Häuser ist wenig bekannt.

### Stallhäuser

In vielen bäuerlichen Gemeinschaften war es üblich, einen Bereich des Hauses als Stall für das Vieh zu nutzen. Deshalb werden sie als ‚Stallhäuser' bezeichnet. Die vom Stall ausgehende Wärme heizte im Winter zusätzlich zum Herdfeuer das gesamte Haus.

Linus, ein keltischer Junge von 9 Jahren, lebte mit seiner Familie in einem Viertel am Stadtrand von Mogontiacum, in dem einfache Holzhäuser standen. Ein Fremder hätte die Gebäude leicht verwechseln können, weil alle mit ihren schmalen Seiten an die Straße grenzten. Den Handwerkern, die hier wohnten, gefiel das gut. Sie hatten nämlich ihre Läden direkt an der Straße unter kleinen Schutzdächern eingerichtet und verkauften dort ihre Waren an die Passanten. Weil möglichst viele Geschäfte unmittelbar an der Straße liegen sollten, waren die Grundstücke von der römischen Verwaltung absichtlich nur schmal, dafür aber sehr langgestreckt ausgemessen worden.

Auch das Haus von Linus' Eltern bestand aus Holzfachwerk. Linus ließ sich von seinem Vater zu gerne erzählen, wie das Haus erbaut worden war: „Zuerst haben wir das Gelände einplaniert, auf dem unser Haus errichtet werden sollte. Man braucht nämlich für ein Gebäude einen völlig ebenen Untergrund. Dann wurde der Grundriß auf den Boden gezeichnet. Dort, wo einmal die Außenwände stehen sollten, haben wir schmale Gräben ausgehoben. Dabei halfen mir natürlich alle Nachbarn. Du weißt ja, daß sich die Bewohner unseres Viertels auch heute noch gegenseitig unterstützen, wenn Fundamentgräben für einen neuen Bau gezogen werden müssen. Sogar Ihr Kinder seid bei dieser Arbeit immer begeistert dabei. In diese Gräbchen haben wir in regelmäßigen Abständen Holzpfosten eingesetzt. Ich habe solche aus widerstandsfähigem Eichenholz gewählt, die schon damals sehr teuer waren. Man kann aber auch das etwas preiswertere Buchenholz benutzen."

„Und wie ist aus den einzelnen Pfosten eine ganze Wand geworden?", fragte Linus dann, obwohl er die Antwort bereits kannte. Oft genug hatte er in der Nachbarschaft beobachten können, daß die Häuser immer noch in der gleichen Art gebaut wurden.

„Zwischen diesen Balken werden Bretter oder Bohlen so angebracht, daß sie eine geschlossene Wand bilden", antwortete der Vater.

„Bei einem Neubau am Ende unserer Straße sind zwischen einzelnen Querlatten aber dünne, biegsame Holzruten eingeflochten worden!", widersprach Linus. „Das habe ich selbst gesehen!"

„Auch diese Möglichkeit gibt es, und der Besitzer entscheidet, welche er haben möchte. Die Wände werden anschließend mit Lehm verputzt, dem klein geschnittenes Stroh beigemischt wird. Der Verputz fühlt sich dadurch immer rau an. Aber das Stroh ist wichtig, weil die aus der Wand herausstehenden kleinen Hälmchen wie Wasserspeier wirken und das Regenwasser so schnell ableiten, daß der Verputz auch im Winter trocken bleibt und nicht beschädigt wird."

Die Dächer konnten mit Stroh oder auch Holzschindeln gedeckt werden. Linus wußte, daß sich sein Vater für ein Schindeldach entschieden hatte. Die Schindeln waren sehr dicht verlegt worden, weil das Dach dann nicht so oft repariert werden mußte. Die Häuser unterschieden sich vor allem durch die Farben, mit denen der Verputz getüncht worden war. Manche Besitzer hatten auch die Fenster- und Türrahmen farblich gegen die Hauswand abgesetzt. Allerdings blätterte die Farbe rasch ab, und in jedem Frühjahr sah man die Bewohner fleißig ihre Häuser von neuem streichen.

Fast alle Häuser waren mit kleinen Vordächern versehen. Sie schützten die Passanten im Sommer gegen die Sonne oder vor Regen und im Winter vor Schnee, so daß sie ihre Einkäufe sehr bequem erledigen konnten.

„Den Innenraum unserer Häuser unterteilt jede Familie nach ihren Wünschen", erzählte der Vater weiter. „In unserem Haus trennen solche Wände das kleine Schlafzimmer im hinteren Teil des Gebäudes von einem größeren Wohnraum ab. Direkt an der Straße habe ich meinen Verkaufsraum eingerichtet." Die Fußböden dieser Räume waren mit einfachen Holzdielen gedeckt, die täglich gescheuert wurden. Der Schlafraum besaß einen Boden aus festgestampftem Lehm, den die Mutter nur zu fegen brauchte.

In dem großen Wohnraum lebte die Familie. Ebenso benutzte der Vater ihn als Werkstatt. In der Mitte stand der Herd, an dem gekocht wurde. Bei kaltem Wetter diente er zugleich als Heizung. Ein Kaminabzug in der Decke sorgte dafür, daß der Rauch nicht alles verqualmte. Ansonsten war der Raum nur spärlich möbliert. Die Einrichtung bestand aus einem Tisch und Stühlen sowie Wandregalen und ein paar Haken, an denen die Kleider aufgehängt werden konnten.

Fließendes Wasser gab es im Elternhaus von Linus nicht. Deshalb gehörte es zu seinen täglichen Aufgaben, frühmorgens an einem Straßenbrunnen in einem großen Gefäß das Wasser zu holen, das die Familie tagsüber benötigte.

Hinter dem langgestreckten Gebäude lag ein kleines Gärtchen, in dem die Mutter Gemüse

*Mit einfachen Mitteln gebaut: Die Rekonstruktion eines keltischen Wohnhauses ist in Bundenbach (Rheinland-Pfalz) zu besichtigen. Die verschiedenen Bautechniken der Wände sind gut zu erkennen.*

und Obst anbaute. Dort hielt sie auch ein paar Hühner und eine Ziege. Außerdem graste hier der Maulesel, der als Zugtier für den Wagen des Vaters diente. Am Ende des Grundstücks war ein kleiner Schuppen für verschiedene Geräte und den Wagen errichtet.

„Deine Mutter wünschte unbedingt, daß ich für die Tiere außerhalb des Hauses einen Stall baue", berichtete der Vater weiter. „Du weißt aber, daß beispielsweise unsere Nachbarn immer noch einen Teil ihres Hauses als Stall nutzen. Damals war ich recht ärgerlich über die zusätzliche Arbeit, aber heute bin ich doch froh, daß Deine Mutter darauf bestanden hat. So werden wir vom Geruch des Stalls nicht belästigt, obwohl uns im Winter die Wärme fehlt, die sich dort immer bildet."

Im Garten und beim Versorgen der Tiere mußte Linus seiner Mutter ebenfalls helfen. Trotzdem blieb ihm noch genügend Zeit, um mit den anderen Kindern auf der Straße zu spielen oder alleine durch Mogontiacum zu streifen, wo es immer etwas zu sehen und zu entdecken gab.

# *Mogontiacum – die Stadt, in der Linus lebt*

*Linus und sein Vater bewunderten vom jenseitigen Ufer aus immer wieder gerne die breite Rhenusbrücke und das Panorama von Mogontiacum.*

## Wissenswertes

### Obergermanien

Die römische Provinz Obergermanien = Germania Superior wurde um 90 n. Chr. gegründet. Sie umfaßte Teile der heutigen Bundesländer Hessen, Rheinland-Pfalz und Baden-Württemberg sowie die Nordschweiz und Westfrankreich. Hauptstadt der Provinz war Mainz, wo der römische Statthalter residierte. Zwischen 121 und 129 n. Chr. lebte C. Quinctius Certus Poblicius Marcellus als Statthalter in Mainz.

### Römische Namen

Mainz hieß in römischer Zeit nach einer älteren keltischen Siedlung Mogontiacum (= ‚Siedlung des Mogontius'), Mainz-Kastel Castellum Mattiacorum. In den heutigen Namen der Flüsse Rhein und Main haben sich die lateinischen Namen Rhenus und Moenus erhalten. – Die Beinamen ‚Primigenia Pia Fidelis' der 22. Legion heißen übersetzt ‚Die Erstgeschaffene, Fromme und Treue'.

### Stadtplan

Der Stadtplan des antiken Mogontiacum ist nicht bekannt, obwohl sich die Überreste bei Bauarbeiten nur wenige Meter unter der Oberfläche finden. Auch das Lager auf dem Kästrich (von lat. Castrum = Kastell, Lager) wurde vollständig überbaut. Einige Architekturteile der beschriebenen Militärgebäude sind im Landesmuseum Mainz ausgestellt.

### Theater und Drususgrabmal

Das Theater wurde in den letzten Jahren neben dem Mainzer Südbahnhof ausgegraben und restauriert. Nur wenig entfernt steht der ‚Eichelstein', die Reste des Drususgrabmals. Allerdings fehlt heute die prachtvolle Marmorverkleidung.

### Ehrenbogen

Von dem Ehrenbogen in Mainz-Kastel haben sich außer den Fundamenten wenig Reste erhalten. Im Untergeschoß des Gebäudes Große Kirchgasse 5–13 kann der konservierte Sockel des Ehrenbogens besichtigt werden.

Die Stadt Mogontiacum lag am südlichen Ufer des Flusses Rhenus unweit der Stelle, an der der Fluß Moenus in den Rhenus mündet. Vom gegenüberliegenden Ufer oder der Rhenusbrücke aus bot sie einen besonders prachtvollen Anblick. Linus erinnerte sich noch genau daran, wie er von dort aus einmal mit seinem Vater das Panorama von Mogontiacum bewunderte und dabei die Geschichte seiner Heimatstadt erzählt bekommen hatte.

Über der Stadt erhob sich auf einer kleinen Anhöhe die römische Garnison, in der seit einigen Jahren die 22. Legion mit den Beinamen Primigenia Pia Fidelis stationiert war. Die Truppe umfaßte knapp 6000 Soldaten.

„Das römische Lager ist der älteste Teil der Stadt", hatte sein Vater damals gesagt. „In seinem Schutz haben sich schon bald nach dem Eintreffen der Römer am Rhenus einheimische Kelten und zugewanderte Italiker angesiedelt. Du kannst selbst sehen, wie groß die Stadt inzwischen geworden ist, denn sie erstreckt sich heute bereits vom Lager bis zum Ufer des Rhenus. Eigentlich ist die Stadt aber noch älter. Schon Deine keltischen Vorfahren lebten hier in einer Siedlung, die Mogontiacum hieß. Die Bewohner haben sie zunächst verlassen, als die Römer kamen. Der Name blieb aber erhalten und ist dann auf das Lager und die daneben entstehende neue Stadt übertragen worden."

Eine hohe, weiß getünchte Mauer umgab das ganze Lagerareal. Auf dem Verputz täuschten aufgemalte rote Linien ein Mauerwerk aus sorgfältig zugehauenen Quadersteinen vor. Die Mauern wurden auf allen vier Seiten durch Tore unterbrochen. Das Haupttor zur Stadt war am prachtvollsten ausgestattet, denn achteckige, leicht vorspringende Türme flankierten seine beiden breiten Durchfahrten. Halbsäulen schmückten in den beiden fensterlosen Untergeschossen jede Turmecke. Die Obergeschosse der Türme waren auf allen Seiten mit Fenstern versehen. Auch die beiden Wehrgänge über den Durchfahrten besaßen zahlreiche Fenster. Die Tore selbst wurden Tag und Nacht bewacht, und kein Fremder durfte das Lager betreten.

Trotzdem wußten Linus und die Bewohner von Mogontiacum recht genau, wie es in dem Lager aussah, denn die Soldaten konnten in ihrer Freizeit die Stadt besuchen. Gerne gingen sie dann in die Schenken und ließen sich dort bei einem Becher Wein oder Met nicht lange darum bitten, aus dem Lager und vom Lagerleben zu erzählen. Auch Linus hörte solchen Berichten gerne zu.

„Von allen vier Toren führen breite Wege in das Lager. Wo sie sich kreuzen, steht das Hauptgebäude, die Principia. Sie ist das wichtigste Bauwerk des Lagers und deshalb besonders prachtvoll ausgestattet. Die Eingangshalle schmücken farbige Säulen, zwischen denen bunte Reliefs zu sehen sind. Sie zeigen Soldaten und Gefangene. In dem großen, offenen Innenhof dahinter müssen wir bei besonderen Gelegenheiten wie einem Kaiserbesuch zu einer Parade antreten, um ihn zu ehren. Am Ende dieses Hofes liegt das Fahnenheiligtum, dessen Frontseite ebenfalls reich verziert ist. Dort stehen neben den Bildern und Statuen des regierenden Kaisers und seiner Vorgänger auch die Feldzeichen und Standarten unserer Truppe, die wir auf allen Feldzügen mitnehmen. Im Hauptgebäude werden außerdem die Urkunden unserer Einheit und die gesamten Ersparnisse aufbewahrt. Wir können nämlich einen Teil unseres Lohnes ansparen, den wir ausgezahlt bekommen, wenn wir die Armee verlassen."

Die Standarten kannte jeder Bewohner von Mogontiacum, denn wenn bei besonderen Ereignissen wie dem Drususfest oder einem Kaiserbesuch die ganze Truppe ausrückte, trugen die Standartenträger den Soldaten die geschmückten Feldzeichen voran. Vor allem der vergoldete Adler an ihrer Spitze wurde immer sehr bewundert. Linus hatte von sei-

*Eine leicht verständliche Propaganda: Die Römer als tapfere und erfolgreiche Soldaten, die Kelten und Germanen dagegen als unterlegene und besiegte Feinde. Die früher bunt bemalten Reliefplatten schmückten vermutlich das Hauptgebäude (Principia) des Lagers auf dem Kästrich.*

nem Vater außerdem erfahren, daß der Adler als wichtigstes Feldzeichen der Legion galt und es für eine Truppe die größte Schande bedeutete, ihn in einem Krieg zu verlieren.

Von ihren eigenen, mit Doppelstockbetten sehr einfach eingerichteten Unterkünften sprachen die Soldaten meistens wenig. Daß sie an einer Herdstelle in der Baracke auch selbst kochen mußten, erwähnten sie ebenfalls nicht. Die wöchentliche Weizenration wurde in den massiven Speichergebäuden ausgegeben, in denen Getreidevorräte für einige Monate lagerten.

Umso begeisterter erzählten die Soldaten von dem Badegebäude im Lagergelände, dessen ständig in den Himmel aufsteigende Rauchwölkchen die Bewohner täglich sehen konnten. Auch von ihrer Wasserleitung berichteten sie voller Stolz. Da die Wasserversorgung für Menschen und Tiere in dem Lager auf der kleinen Anhöhe Probleme bereitete, hatte man es aus größerer Entfernung in einer Leitung bis zur Lagermauer geführt und in großen Bekken gespeichert. Von dort aus wurde vor allem das Lager versorgt. „Und was wir nicht brauchen, das wird dann zu Euch in die Stadt geleitet. Ihr könnt froh sein, daß Ihr so nahe an unserem Lager lebt und auf diese Weise bequem zu frischem, sauberen Wasser kommt. Prost!", pflegten die Soldaten dann oft ihre Berichte zu beenden.

In dem Lager residierte auch der mächtigste Mann der Stadt: Der römische Statthalter C. Quinctius Certus Poblicius Marcellus. Er führte nicht nur den Oberbefehl über die hier stationierten Truppen, son-

*Bürgerstolz von Mogontiacum: Das römische Theater der Stadt war in der gesamten Provinz einzigartig. Es ähnelte in seiner Ausstattung vermutlich dem hier abgebildeten Theater von Orange in Südfrankreich, von dem sich außer dem Bühnengebäude auch die Zuschauerränge erhalten haben. Das Mainzer Theater faßte etwa 11000 Zuschauer.*

dern er regierte auch für den Kaiser in Rom die ganze Provinz Obergermanien, deren Hauptstadt Mogontiacum war.

Der Vater hatte Linus vom Ufer aus auf die breite, gepflasterte Straße aufmerksam gemacht, die vom Haupttor des Lagers durch die Stadt bis zur Brücke über den Rhenus führte. „Im Zentrum kannst Du zwischen den roten Ziegeldächern der reichen Stadthäuser leicht das Badegebäude erkennen, weil aus den Kaminen Tag und Nacht Rauch aufsteigt“, erklärte er seinem Sohn. „Das Forum, der große Marktplatz, zeichnet sich zwischen den Steinbauten dagegen ebenso wenig ab wie die verschiedenen Tempel, für die Mogontiacum berühmt ist.“

Am Stadtrand standen nur einfache, stroh- oder schindelgedeckte Holzhäuser, in denen viele Handwerker und Händler lebten. Auch dem Vater von Linus gehörte ein solches Haus.

Dort, wo die Siedlung aufhörte und breite Straßen zu den nächsten Städten führten, waren vom Ufer aus zahlreiche Grabsteine sichtbar, denn die Friedhöfe lagen am Rande der Stadt.

*Die breite Brücke über den Rhenus war ebenfalls weithin bekannt.*

Einige Bauwerke, die in Mogontiacum immer besonders bewundert wurden, hatte der Vater Linus ebenfalls gezeigt. Dazu gehörten das große Theater und das Grabmal des Drusus. Das nahe beim Theater errichtete Drususdenkmal bot schon aus der Ferne einen prachtvollen Anblick. Auf einem quadratischen Sockel erhob sich ein hoher Rundbau. Die weiße Marmorverkleidung leuchtete in der Sonne besonders hell. Das kegelförmige Dach mit einem kleinen Zinnenkranz wurde von einem großen, vergoldeten Pinienzapfen bekrönt. Vom Theater ließ sich dagegen nur die Rückwand des dreigeschossigen Bühnenhauses erkennen. In der ganzen Provinz gab es keinen vergleichbaren Bau, und deshalb waren die Bewohner von Mogontiacum auch sehr stolz darauf.

Die breite Brücke über den Rhenus war ebenfalls weithin bekannt. Die mächtigen Brückenpfeiler hatten römische Ingenieure mitten im Fluß auf massiven Holzfundamenten erbaut. Auch den großen Bogen, der sich kurz hinter der Brücke am gegenüberliegenden Ufer in Castellum Mattiacorum erhob, zählten die Bewohner noch zu den Sehenswürdigkeiten von Mogontiacum. Sie meinten nämlich, daß das zu Ehren eines römischen Kaisers erbaute Denkmal einen schönen Abschluß ihrer Stadt bildete.

# *Linus findet einen Freund*

*In einem anderen Raum des Statthalterpalastes sahen Linus und Felix einen Handwerker am Boden knien, der mit Kohle große Zeichnungen auf dem Boden anlegte.*

## Wissenswertes

### Bauweise

Die einheimische Bevölkerung lebte zunächst in schmalen, langrechteckigen Häusern aus Holz. Diese traditionelle Bauweise besaß ein durchaus hohes technisches Niveau. Die Römer bevorzugten dagegen Gebäude aus Stein. Mit zunehmendem römischen Einfluß wurde der einheimische Fachwerkbau durch die Steinbauweise abgelöst.

### Römische Mauertechnik

Die bei den Römern übliche Mauertechnik wird als ‚Zwei-Schalen-Mauer' bezeichnet, weil dabei zwischen zwei Außenmauern (‚Schalenmauern') aus Quadersteinen mit Mörtel gebundenes Bruchsteinmaterial gefüllt wurde (‚Gußkern'). Das Verfahren ist in der Antike bei vielen Bauten angewendet worden. Heute hat sich meist nur der Gußkern erhalten, weil die sorgfältig gearbeiteten Steine der Außenmauern später abgeschlagen und für andere Bauten verwendet worden sind.

### Wohnkomfort

Die großen Stadtvillen der Römer waren mit viel Komfort wie fließendem Wasser, Mosaikfußböden, Wandmalereien oder eigenen Bädern ausgestattet. Das Zentrum des Hauses bildete ein offener, gartenähnlicher Innenhof.

### Heizung

Die Räume wurden geheizt, indem warme Luft von einer Heizstelle außerhalb des Raumes in den Hohlraum unter dem Fußboden geleitet wurde. Durch Hohlziegel an den Wänden entwich die warme Luft zu einem Kamin, der am anderen Ende des Raumes lag.

### Kalkgrube

Eine mit Ziegeln ausgemauerte Kalkgrube und das als Transportgefäß für Kalk weiterverwendete Bodenteil einer Amphore sind bei den Grabungen des Landesamtes für Denkmalpflege in der Römerpassage nachgewiesen worden.

In Mogontiacum ging es damals lebhaft zu. Die Einwohnerzahl stieg ständig, und deshalb vergrößerte sich auch die Stadt. Das Leben in Mogontiacum zog viele Menschen an. Hier verkauften Händler auf dem Markt Waren aus fremden Ländern, die man früher in Germanien nicht gekannt hatte. Dazu gehörten Gewürze aus dem fernen Osten ebenso wie Obst und Gemüse aus den Mittelmeerländern oder Austern, Öl und Fischsaucen aus Spanien. Außerdem gab es in der Stadt viele Möglichkeiten, Geld zu verdienen und reich zu werden. Wer reich war, ließ sich ein schönes und modernes Haus aus Stein bauen, und viele Holzbauten wurden nach und nach durch Steingebäude ersetzt. Der Baugrund wurde fast schon knapp, und die Architekten und Bauarbeiter hatten genug zu tun.

Die größte Baustelle war damals der Palast des Statthalters. Als oberster Regierungsbeamter brauchte er nicht nur viele Büroräume, in denen seine Angestellten arbeiten konnten, sondern auch Platz, um alle Akten und Urkunden aufzubewahren. Außerdem mußte er in einer eleganten Villa viele ausländische Besucher und einheimische Gesandtschaften würdig empfangen können, die täglich mit Bitten und Anliegen zu ihm kamen. Seine Frau, die aus einer sehr vornehmen römischen Familie stammte, wollte auch in Germanien nicht auf den Luxus verzichten, den sie in ihrer Villa in Rom gewohnt gewesen war.

Die Baustelle für den neuen Palast lag auf einem kleinen Hügel zwischen dem Lager und der Stadt. Sie war so weit vom Zentrum entfernt, daß der dort herrschende Verkehr, der Lärm und das dichte Menschengedränge den Statthalter und seine Familie nicht belästigten. Aber sie lag auch so nahe an der Garnison, daß er seinen Aufgaben als Oberbefehlshaber der 22. Legion leicht nachkommen konnte.

Bereits seit einigen Monaten wurde an dem neuen Gebäude gearbeitet. Man konnte täglich beobachten, wie die Mauern emporwuchsen. Linus, der gerne durch Mogontiacum streifte, fand den Besuch auf dieser großen Baustelle deswegen immer besonders spannend. Außerdem interessierten ihn die vielen technischen Geräte, die die Römer bei den Arbeiten benutzten und die er von zuhause nicht kannte.

Natürlich war das Betreten der abgesperrten Baustelle strengstens untersagt, aber das hinderte einen pfiffigen Jungen doch nicht daran, einen Weg auf das Gelände zu finden.

Zu seinem Erstaunen war Linus heute nicht allein, sondern ein etwa gleichaltriger Junge mit kräftigen, dunklen Haaren trieb sich ebenfalls hier herum.

„Hallo!“, sagte Linus. „Was machst Du denn hier? Eigentlich ist das Betreten der Baustelle doch verboten!“

„Das mußt Du gerade sagen“, lachte sein Gegenüber. „Ich beobachte bereits seit Tagen, daß Du immer wieder hierher kommst und Dir alles genau anschaust. Aber ich finde es ebenso spannend wie Du, und deshalb dachte ich, wir könnten uns vielleicht zusammentun, weil es dann mehr Spaß macht. Ich heiße übrigens Felix – und Du?“

„Ich bin Linus. Eigentlich lebe ich unten am Stadtrand in einem Viertel, in dem nur Holzhäuser stehen.“

„Wir wohnen in einer der Villen dort drüben.“ Felix deutete ungefähr in gleicher Höhe auf einen Bezirk, in dem große und elegante Steingebäude standen, die vor allem Römern gehörten. Die meisten von ihnen waren reiche Kaufleute, einige aber auch beim Statthalter beschäftigt.

„Bei uns wird anders gebaut, und deswegen finde ich den Bau hier so beeindruckend“, sagte Linus und sah nachdenklich zu den Bauarbeitern hinüber. „Wir heben zuerst Gräbchen aus, in die dann in regelmäßigen Abständen Holzbalken eingesetzt werden.

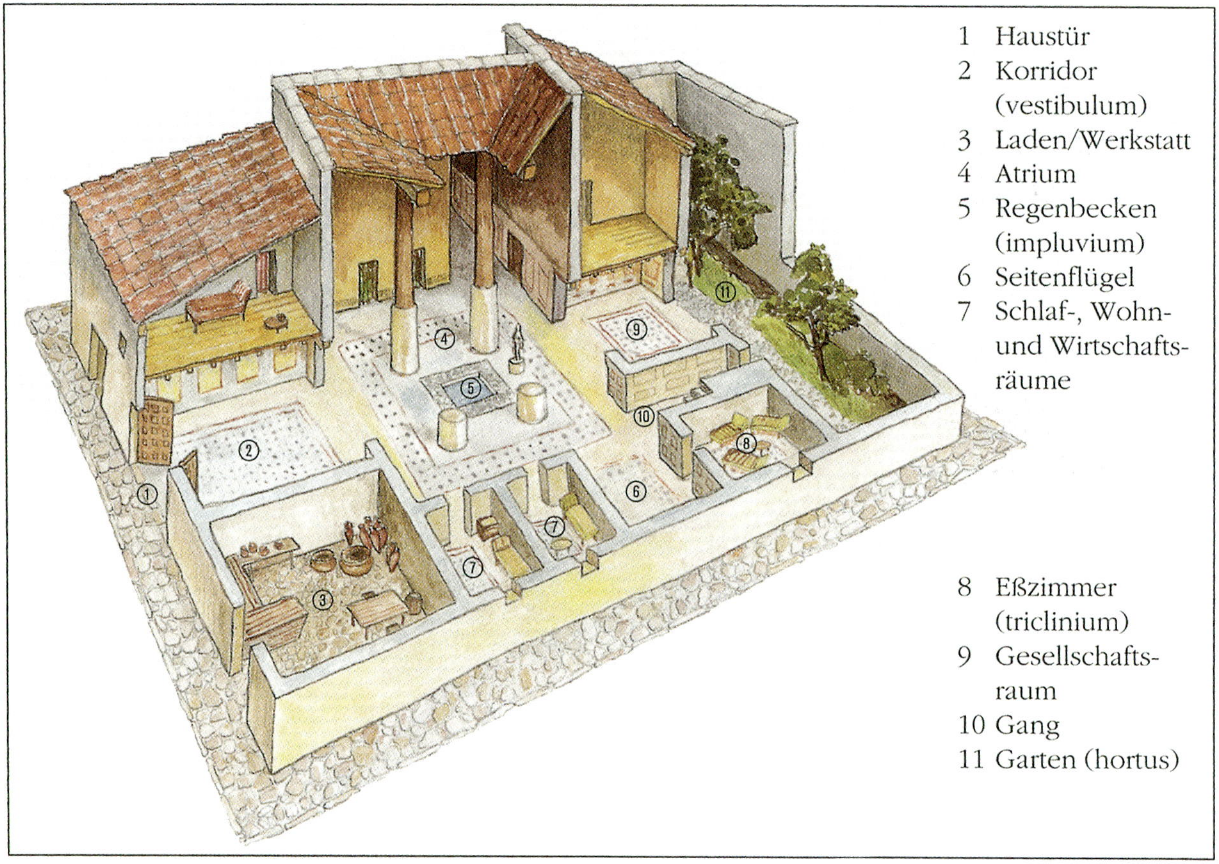


*Schemazeichnung einer römischen Villa.*

Der Zwischenraum wird mit Flechtwerk ausgefüllt und mit Lehm verputzt. Das Dach ist mit Schindeln oder Stroh gedeckt. Ich kann mir gar nicht vorstellen, wie dieses Haus einmal aussehen wird. Außerdem sind unsere Häuser nicht so groß. Bei den vielen Zimmern würde ich mich sicher immer verlaufen."

„Oh", meinte Felix, „einiges kann ich hier schon erkennen. Komm, ich zeige es Dir."

Die beiden Jungen liefen ein paar Schritte weiter bis zu einer Stelle, an der gerade fleißig gebaut wurde. Hier errichteten Arbeiter zwei schmale Mauern, zwischen denen eine Lücke blieb. Sie standen dabei auf einem Holzgerüst, dessen Bretter nach fünf bis sechs Steinlagen in die Wände eingemauert worden waren. Sklaven reichten ihnen sorgfältig zugehauene Quadersteine, während andere Arbeiter unbearbeitete Steine herbeischafften und unmittelbar neben der Wand zu einem großen Haufen aufschütteten.

Eben war der Aufseher herbeigekommen, um die Höhe der Mauer zu begutachten. Er hielt ein spitz zulaufendes Metall an die Mauer, das an einem Faden hing. „Damit prüft er, ob die Mauer senkrecht aufgemauert worden ist", wußte Felix. „Das Gerät nennt man bei uns Lot." Dann befahl der Aufseher, mit den Maurerarbeiten aufzuhören. Linus hatte schon oft beobachten können, daß jetzt alle Arbeiter die neben der Wand liegenden Steine in die Lücke zwischen den beiden Mauern warfen und dann flüssigen Mörtel darübergossen. Ihm war nicht klar, warum die Arbeiter das machten, und so fragte er Felix danach.

„Wenn der Mörtel hart geworden ist, könntest Du die beiden äußeren Mauerschalen wieder entfernen, ohne daß die Wand einstürzen würde", antwortete Felix und war stolz auf sein Wissen. Dabei hatte sein Vater ihm erst kürzlich erklärt, daß sich auf diese Weise sehr viel schneller bauen ließ, als wenn man die ganze Mauer aus gleichmäßig zugehauenen Steinen errichtete.

Nachdem das eingefüllte Material knapp bis zur Kante der äußeren Mauerschalen reichte und das Bruchsteinmaterial fast verbraucht war, mauerten die Arbeiter auf dem Gerüst weiter, während die Sklaven wieder neue Steine herbeischafften.

An einer Ecke der Baustelle war eine große Grube ausgehoben und mit Ziegelsteinen ausgekleidet worden. Linus hatte schon lange überlegt, welchen Zweck sie wohl erfüllen sollte. Auch Felix wußte darauf keine Antwort. Heute beobachteten Linus und Felix, daß Sklaven ein weißes, pulvriges Material in die Grube füllten und anschließend mit Wasser zu einem leicht flüssigen Brei verrührten. Das taten sie sehr vorsichtig mit langen Holzstangen, wobei sie sorgfältig darauf achteten, nicht bespritzt zu werden. Als sich die beiden Jungen der Grube nähern wollten, wies sie der Vorarbeiter barsch zurück: „Ihr habt hier nichts zu suchen! Wenn Ihr Spritzer von dem Kalk auf die Haut oder in die Augen bekommt, könnt Ihr nämlich böse verletzt werden!"

Während sie noch dastanden, kamen zwei Sklaven vorbei, die auf zwei Stangen ein großes Gefäß trugen, dessen obere Hälfte fehlte. „Das ist ja der Boden einer Amphore!", rief Felix erstaunt. „Was wollen die denn auf einer Baustelle damit anfangen? Komm, das müssen wir herausfinden!"

Amphoren kannte Linus vom Markt her. Dort boten Händler die großen Gefäße an, die Öl oder Wein aus weit entfernten Ländern enthielten.

Vorsichtig traten die beiden Sklaven an das Ziegelbecken und füllten die weiße Flüssigkeit in die Amphore, die sie dann forttrugen. Neugierig folgten

*Fest gewordene Neugierde: Sicher stammt der Fußabdruck in der Kalkmasse von einem Kind, das die Bauarbeiten ebenso interessiert verfolgte wie Linus und Felix. Nachdem man die Amphore nicht mehr zum Aufbewahren von Öl oder Wein brauchte, benutzte man das Bodenteil auf einer Baustelle zum Anrühren von Kalk.*

Linus und Felix ihnen zu einer Wand, die andere Sklaven mit der weißen Kalkmasse verputzten.

Als ihnen hier das Zuschauen zu langweilig wurde, streiften die beiden Jungen durch den hinteren Teil des Gebäudes. Dort standen die Mauern schon in voller Höhe. In einem kleinen Raum waren einige Sklaven damit beschäftigt, in regelmäßigen Abständen kleine Pfeiler aus Ziegelplatten auf den Fußboden aufzusetzen.

„Hier wird das Bad eingebaut“, erklärte Felix. „Über diesen Pfeilern liegt ein zweiter Fußboden. In den Hohlraum zwischen den Böden wird warme Luft geleitet, die den ganzen Raum heizt.“

Das erschien Linus unglaublich komfortabel, denn bei ihm zuhause wärmte nur der Herd den Wohnraum, und die Mutter mußte sehr aufpassen, damit das offene Feuer nicht qualmte und alles verrußte.

Der nächste Raum war recht dunkel, denn durch ein kleines Fenster fiel nur wenig Licht ein. „Das könnte die Küche sein“, meinte Felix. „Die sieht bei uns ähnlich aus und liegt auch im hinteren Teil des Hauses in der Nähe des Bades.“

Die Jungen mußten bei ihrem Streifzug durch das Gebäude in verschiedenen Räumen auf kleine Kanäle achten. „Die werden sicher noch abgedeckt“, sagte Felix. „Schließlich wollen die Bewohner nicht immer auf den Fußboden schauen und aufpassen, wohin sie treten. Ich wette, einer der Kanäle führt zu einem Becken, in dem ein Springbrunnen angelegt werden soll.“ Die Jungen schauten in verschiedene Zimmer, bis sie wirklich in einem großen quadratischen Raum in der Mitte des Hauses ein flaches Becken entdeckten, in das ein Kanal mündete. „Das muß der Innenhof werden, denn nur dort wird ein Springbrunnen eingebaut!“, entschied Felix.

In einem anderen Raum sahen Linus und Felix einen Handwerker am Boden knien, der mit Kohle große Zeichnungen auf dem Boden anlegte.

„Oh, das können wir auch!“, lachte Felix.

„Tatsächlich?“ Ein bißchen amüsiert schaute sich der Mann nach den beiden Jungen um. „Könnt Ihr tatsächlich eine Zeichnung auf dem Fußboden so exakt anlegen, daß ich danach ein Mosaik arbeiten könnte?“

Auf diese Frage kamen Felix doch Zweifel. „Nun ja“, meinte er, „irgendwelche Muster würden wir schon zustande bringen.“

„Irgendwelche Muster – ja, das glaube ich Euch gerne. Hier könnt Ihr Euch aber einmal mein Skizzenbuch anschauen.“ Der Meister schob ihnen eine Rolle zu, auf der verschiedene großformatige Bilder und Dekorationen aus Blumen oder Ranken zu sehen waren. „Der Bauherr sucht sich ein Muster davon aus, das ich der Raumgröße anpasse. Das Motiv zeichne ich auf dem Boden vor, wobei ich Schablonen benutze, weil es überall gleich sein muß.“

„Und was ist ein Mosaik?“, unterbrach Linus neugierig den Handwerker. „Davon habe ich noch nie etwas gehört!“

„Ein Mosaik ist ein Boden aus den kleinen farbigen Steinen, die Ihr hier seht. Sie werden nach dem Muster, das ich vorgezeichnet habe, in etwas feuchtem Estrich verlegt. Wenn der Mörtel fest geworden ist, kann der Boden betreten werden.“

So genau hatte auch Felix noch nie erklärt bekommen, wie ein Mosaik entstand. „Aber das dauert doch unendlich lange!“, sagte er.

„Ich habe ein paar Gesellen, die mir helfen. Aber sehr viel Geld kostet so ein Boden schon, das dürft Ihr mir glauben. Den kann sich nicht jeder leisten!“

Inzwischen war es spät geworden. Die Handwerker beendeten nach und nach ihre Arbeiten und verließen die Baustelle. Linus und Felix konnten niemandem mehr zusehen. Bevor sie sich trennten, verabredeten sie sich aber für den nächsten Tag.

# „Dürfen wir mitfahren?“

*Linus und Felix staunten, wie schnell die Arbeiter mit dem Kran die schweren Blöcke auf den Ehrenbogen ziehen konnten.*

## Wissenswertes

### Römerbrücke

Von der Militärbasis Mainz aus organisierten die Römer die Feldzüge in die Gebiete nördlich des Rheins. Eine Brücke über den Fluß war deshalb notwendig, um den Nachschub zu sichern. Neue Funde belegen, daß es bereits am Anfang des 1. Jhd. n. Chr. eine feste Holzbrücke gegeben haben muß, die sogar noch nach dem Ende der römischen Herrschaft bis 406 n. Chr. bestand. Die Mainzer Brücke ist auf einem Bleimedaillon aus Lugdunum (Lyon) abgebildet, das vor 300 n. Chr. geprägt wurde.

### Ehrenbogen

Während die Fundamente des Ehrenbogens in Mainz-Kastel gut erhalten sind, haben sich vom Bau selbst nur wenige Architekturteile gefunden. Ob der Ehrenbogen für den römischen Feldherrn Germanicus 19 n. Chr. oder für Kaiser Domitian (81–96 n. Chr.) errichtet wurde, wird in der Forschung noch heute diskutiert.

### Kräne

Der römische Architekt Vitruv beschreibt die Bauweise der antiken Kräne, die auf Zeichnungen und Sarkophagen auch mehrfach dargestellt worden sind. Im Archäologischen Park Xanten kann die funktionstüchtige Rekonstruktion eines antiken Kranes besichtigt werden.

### Bleidübel

Die Bleidübel der antiken Bauwerke lassen sich an wenigen Gebäuden nachweisen. Das flüssig in vorher angebrachte Vertiefungen eingefüllte Material verband nach dem Festwerden wie ein Dübel Steine oder Säulentrommeln miteinander. Weil Blei weiterverwendet werden konnte, ist das Metall später aus den Mauern ausgebrochen worden.

Die Hauptstraße von Mogontiacum führte vom Lager mitten durch die Stadt zur Brücke über den Rhenus, die als Meisterleistung der römischen Baukunst galt. Linus und Felix verbrachten hier gerne ihre Zeit, weil bei dem lebhaften Treiben immer etwas zu sehen war. Zahlreiche Gespanne verließen die Stadt, andere Fuhrwerke kamen nach Mogontiacum. Auf den hochbeladenen Wagen wurden die verschiedensten Waren transportiert.

Die Holzbrücke ruhte auf Pfeilern, die mitten im Rhenus errichtet worden waren. Linus und Felix hatten sich nicht vorstellen können, wie man mitten in einem Fluß Pfeiler baut, bis Felix' Vater es ihnen genau erklärte: „Die oberhalb des Wasserspiegels sichtbaren Steinpfeiler stehen auf einer Holzkonstruktion. Für dieses Fundament sind schwere Eichenpfähle mit zugespitzten Enden in das Flußbett gerammt und anschließend durch einen hölzernen Rahmen gegen das Wasser abgedichtet worden. Den Hohlraum zwischen den Eichenpfählen und dem Holzrahmen hat man mit Bruchsteinen und Mörtel gefüllt. Wenn Ihr genau hinschaut, könnt Ihr sehen,

*Ein technisches Wunderwerk: Im Modell läßt sich die Bauweise der Rhenusbrücke gut erkennen, die der Vater von Felix seinem Sohn und dessen Freund Linus ganz genau erklären muß.*

daß der Rahmen auf der einen Seite spitz, am anderen Ende dagegen rund gebaut worden ist. Das haben die Ingenieure aus einem besonderen Grund gemacht. Die Spitze ist nämlich gegen die Strömung des Flusses gerichtet, um dem Wasser möglichst wenig Widerstand zu bieten und dadurch unnötigen Druck vom Fundament fernzuhalten."

Holzbögen verbanden die einzelnen Steinpfeiler miteinander. Die darüber errichtete Brücke mit einem Geländer war so breit, daß die in Mogontiacum stationierten Legionen ohne Probleme in das Gebiet jenseits des Rhenus marschieren konnten. Im Alltag standen den Bewohnern in jeder Richtung zwei Fahrspuren zur Verfügung. Bei dem lebhaften Verkehr war das auch notwendig.

Heute interessierte die Jungen das Geschehen an der Brücke aber nicht. Sie wollten auf das jenseitige Rhenusufer zu dem Ehrenbogen, dessen Gebälk gerade repariert wurde. Für diese Arbeit war neben dem Bogen vor einigen Tagen ein Kran errichtet worden, den die beiden sich unbedingt einmal genauer ansehen mußten.

Als sie sich gerade auf den Weg machten, kam ein Nachbar von Linus mit seinem Fuhrwerk vorbei. „Hallo Linus, wohin geht es denn heute?", rief der Mann den Jungen zu.

„Wir möchten zum Ehrenbogen am anderen Ufer", antwortete Linus. „Dürfen wir vielleicht mitfahren?"

Lachend willigte der Mann ein, die beiden Jungen sprangen auf den Wagen und erreichten umso schneller das andere Ufer.

Der Ehrenbogen war mit seinen drei Durchgängen für die Besucher ein imponierendes Denkmal. In der Mitte führte eine breite, sorgfältig gepflasterte Fahrbahn hindurch. Die Fußgänger benutzten die beiden schmäleren seitlichen Durchgänge. Ihre flachen Decken zeigten ein Kassettenmuster aus bunt bemalten und leicht vertieften Feldern.

Über den Durchfahrten lag ein reich verziertes Gesims. Farbig bemalte Schmuckleisten rahmten oben und unten verschiedene Bildszenen, die einen umlaufenden Fries bildeten. Felix wußte zwar, daß dort die sagenhafte Gründung Roms dargestellt war, aber er konnte die Einzelheiten wegen der Höhe nicht erkennen.

Auf dem Bogen stand eine fast lebensgroße Reiterfigur aus Bronze. Sie zügelte mit einer Hand das Pferd und hatte die andere wie zum Gruß an die Vorübergehenden erhoben. Dem Ehrenbogen gegenüber war erst vor wenigen Jahren ein weiteres Denkmal für den römischen Kaiser Traianus errichtet worden.

Die Aufmerksamkeit der Jungen galt heute keinem der beiden Monumente, sondern ausschließlich dem Kran, der direkt neben dem Bogen stand. Seine Konstruktion war einfach. Seile fixierten zwei massive Holzbretter, die die Arbeiter schräg in den Boden gerammt und am oberen Ende miteinander verschraubt hatten. Von einer zwischen den Brettern angebrachten Winde lief ein dickes Tau zu einem Rad an der Spitze des Krans. Daran hing ein scherenförmiger Haken, der mit dem Tau nach oben gezogen werden konnte.

Zahlreiche Steine lagen schon bereit, um auf den Bogen befördert zu werden. Alle waren auf der Oberseite in der Mitte mit einem Loch versehen. In dieses Loch wurde der Haken des Krans gesteckt, das Seil dann von Arbeitern mit der Winde angezogen, und schon ließ sich der Stein bis zur Höhe des Gebälks heben.

„Wie hält der Haken bloß in dem Loch?" Linus und Felix konnten das nicht verstehen.

Ein junger Aufseher, der das Interesse der Jungen belustigt verfolgt hatte, beantwortete ihre Frage.

„Kommt einmal her!", sagte er. „Das ist keine Zauberei. Wenn Ihr in das Loch hineinfaßt, merkt Ihr, daß es sich nach unten hin leicht vergrößert. Der Haken, an den wir die Last hängen, funktioniert wie

*Für Jahrhunderte gebaut: Die Moselbrücke in Trier wird noch heute von den um 150 n.Chr. erbauten römischen Pfeilern getragen. Ihre Spitze ist gegen die Strömung gerichtet und sorgt dafür, daß der Druck des Wassers auf die Pfeiler vermindert wird. Unter dem vordersten Brückenpfeiler läßt sich das Fundament im Flußbett deutlich erkennen.*

eine Schere. Wenn wir ihn anheben, zieht das Gewicht des Steins die Schere auseinander. Dadurch verkeilen sich die beiden Arme in dem Loch und halten den Stein fest. Das Loch nennen wir übrigens Wolfsloch."

„Es dauert doch sicher lange, erst die Löcher in die Steine zu hauen, um sie dann hinaufzuziehen", meinte Linus. Auch Felix dachte, daß die Arbeiter die Steine wahrscheinlich ebenso schnell selber transportieren würden.

„Nein, da täuscht Ihr Euch", erklärte der Aufseher. „Schaut einmal, wie rasch wir die Steine nach oben befördern können. Außerdem lassen sich mit dem Kran wesentlich größere Lasten bewegen, als ein Mensch tragen kann. Das ganze Material muß bis heute abend auf dem Dach liegen, weil die Ausbesserungsarbeiten morgen früh beginnen sollen. Ohne einen Kran würden wir das nicht schaffen."

„Aber da sind doch noch andere Einkerbungen am Rand der Steine", sagte Linus auf einmal. „Wozu braucht man die?"

„Das hast Du gut beobachtet", antwortete der Aufseher. „Auf dem Dach werden die Steine so verlegt, daß diese Vertiefungen aneinanderstoßen. Dann gießen wir sie mit Blei aus. Wenn es fest geworden ist, hält es die Steine wie eine Klammer zusammen."

Linus und Felix schauten noch lange zu, weil sie nicht glauben konnten, daß die Arbeiter an diesem Nachmittag wirklich alle Steine auf das Dach des Bogens bringen würden.

Schließlich mußten sie sich auf den Rückweg nach Mogontiacum machen. Diesmal kam kein Fuhrwerk vorbei, das sie mitnehmen konnte, und so dauerte es ziemlich lange, bis sie zu Hause waren. Die Strafpredigt der Mutter nahm Linus aber gerne in Kauf, weil er nun wußte, wie ein Kran funktioniert.

## *Verbrannte Götter*

*Enttäuscht nahm der Töpfermeister die Statuetten aus dem Ofen, deren Brand wieder mißlungen war.*

## Wissenswertes

### Gewerbegebiet

Den Bereich zwischen der Bauhofstraße und dem Rheinufer nahm im antiken Mainz ein vermutlich ausgedehntes Gewerbegebiet ein. Funde von Lederresten, Knochenfragmenten oder geschmolzenem Glas stammen von unterschiedlichen Handwerkern und belegen die verschiedenen Berufe, die hier ausgeübt wurden.

### Ausgrabungsfunde

Der hier beschriebene Töpfereibetrieb wurde 1998 vom Landesamt für Denkmalpflege Rheinland-Pfalz in der Bauhofstraße ausgegraben, aber nicht erhalten. Die dabei gefundenen Götterfiguren sind ein Jahr später in einer Sonderausstellung „Verlorene Götter" in der Commerzbank zu sehen gewesen.

### Töpferofen

Bei der Grabung wurden im Ofen Fragmente von mindestens 172 Tonfiguren geborgen. Von den Modelformen haben sich dagegen keine Reste gefunden.

### Tonfiguren

Die Statuetten stellen verschiedene römische Gottheiten wie Iuno (Göttin des Herdes), Minerva (Göttin der Weisheit), Venus (Göttin der Liebe), Fortuna (Glücksgöttin) und Merkur (Gott der Kaufleute) dar. Die von der einheimischen Bevölkerung verehrten Muttergottheiten waren ebenfalls vorhanden. Sie werden immer als sitzende Frauen dargestellt, die Früchte oder andere Gegenstände in den Händen halten.

### Topf mit Ohrring

Töpfe mit plastisch ausgearbeitetem Gesicht werden als ‚Gesichtsurnen' bezeichnet. Ob sie – vielleicht als Urne – einem besonderen Zweck dienten, ist bisher ungeklärt. – Die Gesichtsurne aus schwarzem Ton, die mit einem goldenen Ohrring geschmückt ist, befindet sich heute im Landesmuseum Mainz.

Linus hatte seinem Freund schon viel vom Handwerkerviertel erzählt, in dem er sich besser auskannte als Felix. Besonders begeistert berichtete er ihm dabei von einer Töpferwerkstatt. Dort schaute Linus oft zu, weil er es spannend fand, wenn die Töpfer aus dem feuchten Lehm Becher, Schüsseln oder Krüge formten. Seit neuestem hatte der Meister versucht, auch kleine Götterfiguren aus Ton herzustellen, die die Besucher der verschiedenen Heiligtümer gerne in den Tempeln opferten oder als Andenken und Mitbringsel kauften. Von solchen Figuren versprach er sich gute Einnahmen. Bis jetzt waren seine Versuche zwar mißlungen, aber der Meister wollte sie noch nicht aufgeben, zumal er einen besonderen Ofen zum Brennen der Figuren hatte anlegen lassen. Der kleine rechteckige Brennraum mit senkrecht in das Erdreich eingetieften Wänden wurde während des Brandes mit Ziegelplatten abgedeckt.

Eines Tages sagte Linus zu seinem Freund: „Laß uns morgen die Werkstatt des Töpfers besuchen! Der Meister hat dann wieder einen Brand beendet und wird das Geschirr aus dem Ofen nehmen. Das ist immer aufregend, weil nicht alle Töpfe gelingen. Ich habe schon erlebt, daß das Geschirr verfärbt oder verformt war und nicht verkauft werden konnte."

Natürlich wollte sich Felix diese Gelegenheit nicht entgehen lassen, und so verabredeten sie für den nächsten Tag einen Treffpunkt an der Hauptstraße von Mogontiacum. Kurz vor der Brücke über den Rhenus durchquerte sie ein Gewerbegebiet, in dem die Werkstatt des Töpfers lag.

In diesem Viertel wurden alle möglichen Berufe ausgeübt. Außer zahlreichen Töpfereien betrieben Weber, Glasbläser, Beinschnitzer, Korbflechter oder Metallgießer ihr Handwerk. Auch Lederwaren wurden hergestellt. Die Häuser ähnelten sich sehr. Alle waren mit ihren Schmalseiten zur Straße hin ausgerichtet. Dort lag der Verkaufsraum, hinter dem sich die Arbeits- und Lagerräume der Betriebe befanden. Bisweilen wurden auch die rückwärtigen, hofartigen Bereiche genutzt. Bei den Töpfern standen hier die Brennöfen, die wegen der Feuersgefahr immer einen größeren Abstand zu den Holzhäusern haben mußten.

Auch bei dem Töpfer, den Linus und Felix besuchten, öffnete sich der Verkaufsraum zur Straße hin. Die fertige Ware war auf Holzregalen ausgestellt und wartete auf ihre Käufer. Das reichhaltige Angebot umfaßte Teller, Schüsseln, Schalen, Becher oder Krü-

*Auch Töpfe wollen schön sein: Dieses Gefäß schmückt sich zwar nicht mit einem goldenen Ohrring, trägt dafür aber einen Bart.*

ge mit einem oder mit zwei Henkeln, die sich durch die Tonfarbe und die Größe voneinander unterschieden. Felix lachte über große Töpfe, die ein Gesicht zeigten, weil er so etwas noch nie gesehen hatte. Während Mund und Augen in das Gefäß eingeritzt waren, hatte man Nase und Ohren aus Ton geformt und dem Topf aufgesetzt. Bei einem besonders

*Aus dem Abfall geborgen: Die während des Brandes verzogene Statuette der Göttin Minerva konnte der Töpfer nicht verkaufen und warf sie deshalb fort, ohne sie zu bemalen.*

prachtvollen Exemplar aus schwarzem Ton schmückte sogar ein goldener Ohrring das rechte Ohr. Linus waren solche Töpfe aus seinem Elternhaus vertraut, wo sie bei besonderen Gelegenheiten benutzt wurden. Aber ein Gefäß mit einem Ohrring kannte er auch nicht, und es gefiel ihm ausnehmend gut.

Hinter dem Laden befand sich der Arbeitsraum, in dem die Ware hergestellt wurde. Linus hatte schon immer die Kunst der Töpfer bewundert, die eine Scheibe mit dem Fuß andrehten und darauf aus einem Tonklumpen eine Vase oder einen Krug formten. Auch Felix staunte darüber, wie in kürzester Zeit Topf um Topf und Schale um Schale entstand.

Ein jüngerer Töpfer war in einem anderen Bereich der Werkstatt damit beschäftigt, die Götterfiguren herzustellen. Neben ihm lagen verschiedene Modelformen aus Gips, in die der weiche Ton hineingedrückt wurde. Zahlreiche Formen warteten noch darauf, mit Ton gefüllt zu werden. „Wollt Ihr es nicht auch einmal versuchen?“, fragte der Töpfer die beiden Jungen. Das ließen sich Felix und Linus natürlich nicht zweimal sagen. Jeder nahm sich eine Form und einen Tonklumpen und begann, das Material in die Form zu streichen. Was aber beim Zusehen so einfach gewirkt hatte, erwies sich als eine schwere Arbeit. Der Ton durfte nämlich nicht zu dick und nicht zu dünn aufgetragen werden, wie ihnen der Geselle erklärte. „Wenn der Ton zu dünn ist, bricht die Figur, wenn wir sie nach dem Trocknen aus der Form herausnehmen. Wenn er dagegen zu dick ist, bleibt das Material feucht und bekommt beim Brennen Sprünge. Beim Trocknen schrumpft der Ton übrigens ein bißchen zusammen, so daß wir die Figuren leicht aus der Form nehmen können.“

„Aber das sind doch alles nur halbe Figuren“, sagte Linus plötzlich. „Bei anderen Händlern habe ich immer ganze Figuren gesehen! Warum macht Ihr denn nicht auch ganze Figuren? Das sieht doch bestimmt viel schöner aus.“

„Jetzt hast Du aber nicht richtig aufgepaßt! Wenn Du Dir die Formen genau anschaust, merkst Du, daß es sich immer nur um Vorder- oder Rückenteile handelt. Im Hof werden die getrockneten Teile zu Figuren zusammengesetzt!“

„Das will ich sehen!“ Felix stürmte in den Hof, wo gerade ein etwa gleichaltriger Junge mit dieser Arbeit beschäftigt war. Er bestrich die Ränder der beiden Hälften mit etwas Ton, drückte die Teile aufeinander und glättete die Naht mit einem kleinen Hölzchen. Anschließend wurden die Figuren zum Trocknen auf ein Regal gesetzt. Dabei sahen sie noch grau aus, denn die Statuetten konnten erst nach dem Brand mit den bunten Farben bemalt werden, die Linus und Felix in kleinen Töpfen schon bereitstehen sahen.

Zwei runde Brennöfen mit bienenkorbartigen Kuppeln standen im rückwärtigen Hofbereich. Die große Öffnung in der Decke des Ofens, in dem das Geschirr gebrannt worden war, hatte man mit Ziegelplatten abgedeckt.

Eben betrat der Besitzer den Hof. „Hallo, Linus“, rief er dem Jungen zu. „Du hast Dich ja lange nicht mehr sehen lassen! Und sogar einen Freund hast Du mitgebracht. Aber Ihr kommt gerade im richtigen Augenblick: Ich will jetzt die fertige Ware aus den Öfen nehmen lassen. Auch die Götterfiguren müßten diesmal gut gelungen sein.“ Linus und Felix konnten die Spannung des Meisters und aller Gesellen in diesem Moment deutlich spüren.

Die Gesellen entfernten zuerst die Abdeckungen und entnahmen dem großen Ofen zahlreiche gut gebrannte Töpfe, die gleich in den Verkaufsraum gebracht werden sollten. Aber dann kam die Enttäuschung! Die Götterfiguren, auf die der Meister so große Hoffnung gesetzt hatte, waren wieder nicht gelungen. Der graue Ton wies große Risse und Blasen auf, und viele Figuren erschienen völlig verzogen. Die Hitze hatte sogar den Ofen selbst beschädigt.

„Laßt alles gleich im Ofen liegen und ebnet ihn vollständig ein“, wies der Meister seine Gesellen ärgerlich an. „Für solche Statuetten finde ich natürlich keine Käufer! Die Modelformen und die ungebrannten Figuren könnt Ihr ebenfalls vernichten. Das Tonmaterial eignet sich wohl doch nicht für Statuetten. Ich werde deshalb auf ihre Produktion verzichten und mich weiterhin nur auf Geschirr beschränken. Wenn Ihr beide mögt, dürft Ihr Euch aber eine Figur aussuchen und mitnehmen.“

„Und was machen wir mit den Farben?“, fragte der Geselle.

„Die verkaufen wir dem Händler neben dem Tempel, der nur Götterfiguren herstellt und damit viel Erfolg hat“, antwortete der Meister. „Dann ist mein Verlust nicht zu groß.“

Aus den zahlreichen Figuren wählte Linus eine sitzende Frauenfigur, die Früchte und Obst in ihrem Schoß hielt, während sich Felix für die Statue der Göttin Minerva entschied, die er an dem Helm und dem Schild erkannt hatte.

# *Der Drusus-Tag*

*Die Opferfeier, an der auch der Statthalter und sein Gefolge teilnahmen, fand am Paradeplatz zwischen dem Drusugrabmal und dem Theater statt.*

## Wissenswertes

### Drusus-Tag

Die zu Ehren des Drusus begangenen Festspiele, die weit über Mogontiacum hinaus bekannt waren, werden in mehreren schriftlichen Quellen bezeugt.

### Namen

Frankfurt-Heddernheim hieß in römischer Zeit Nida, Wiesbaden Aquae Mattiacorum und Worms Borbetomagus. Das restaurierte Theater von Mogontiacum liegt am heutigen Südbahnhof. Es hat vom 1. bis zum 4. Jhd. n. Chr. bestanden.

### Drususgrabmal

Von dem Ehrenmal – heute ‚Eichelstein' genannt – hat sich nur der Gußkern erhalten, während die kostbare Marmorverkleidung fehlt. Weil Drusus als naher Verwandter von Kaiser Augustus in Rom bestattet worden ist, handelte es sich dabei nur um ein Leer- oder Scheingrab (‚Kenotaph').

### Armee

Die Stärke der römischen Armee lag in der strengen Disziplin, mit der die Soldaten regelmäßig geschult wurden. Dadurch war sie ihren Feinden in großen Schlachten taktisch überlegen.

### Soldatenausrüstung

Die in einer aufwendigen Technik aus Holz gearbeiteten und mit Leder überzogenen Schilde waren so schwer, daß die römischen Soldaten sie nur als Schutz vor ihren Körper halten konnten. Ein vollständiger Schild wurde in Dura-Europos (Syrien) gefunden.

### Theaterbau

Eine auf dem Albansberg gefundene Bronzetüre könnte vom Theater stammen und in nachrömischer Zeit für die frühchristliche Albansbasilika weiterverwendet worden sein. Die Tür befindet sich heute im Museum Wiesbaden.

### Sonnensegel

Sonnensegel über römischen Theatern ähnelten von ihrer Größe und ihrer Konstruktion her Schiffssegeln. Deshalb beherrschten nur die Matrosen der römischen Kriegsflotte die Technik, die Segel aufzuspannen.

### Schauspielermasken

Die Zuschauer konnten schon an der Maske und dem Kostüm erkennen, welche Person dargestellt werden sollte, z. B. der vornehme Herr, der alte Mann, der Sklave oder das junge Mädchen. Die großen Mundöffnungen der Masken wirkten wie Mikrophone, weil sie die Stimme verstärkten.

Endlich war der lang erwartete Drusus-Tag angebrochen! Linus und Felix hatten es wie alle Kinder in Mogontiacum bereits seit Tagen vor Aufregung nicht mehr aushalten können.

Der Drusus-Tag galt als wichtigstes Fest der Stadt. Drusus, ein junger und sehr beliebter römischer Feldherr, war während eines Feldzugs an die Elbe bei einem Sturz vom Pferd schwer verunglückt. Die Soldaten hatten ihn nach Mogontiacum zurückgebracht, wo er starb. Obwohl Drusus in Rom begraben werden sollte, fand bereits in Mogontiacum eine Trauerfeier für ihn statt. Dabei beschloß die Armee spontan, ein Ehrenmal für ihren Feldherrn zu errichten und ihn dort alljährlich am 14. September, seinem Todestag, mit Opfern und einer großen Festparade zu ehren. Außerdem war ein Theater gebaut worden, in dem es am gleichen Tag verschiedene Aufführungen zu sehen gab. Inzwischen hatte sich diese Feier zu einem großen Volksfest entwickelt, das jedes Jahr viele Besucher von nah und fern anzog.

Die gespannte Erwartung vor dem Fest war in der ganzen Stadt spürbar gewesen. Bereits seit Tagen schlugen Händler rund um das Theater und das Drususdenkmal ihre Zelte auf und boten allerlei Waren zum Kauf an. Schauspielertrupps belustigten die Bewohner mit kleinen Aufführungen. Auch die ersten Gesandtschaften aus dem fernen Gallien waren bereits in Mogontiacum eingetroffen. Dort hatte Drusus vor seinem Feldzug als Statthalter erfolgreich regiert. Deshalb schickten die Gallier noch immer Gesandtschaften zu den Festspielen nach Mogontiacum. Diese statteten nach ihrer Ankunft zunächst dem Statthalter Poblicius Marcellus ihren Besuch ab, wobei sie von den Einheimischen neugierig bestaunt wurden. Viele Gäste aus entfernten Städten waren ebenfalls schon angereist und übernachteten in den Herbergen oder in Privatquartieren. Nur die Bewohner der nahegelegenen Städte Nida, Aquae Mattiacorum oder Borbetomagus erwartete man erst am Festtag selbst. Das verursachte allerdings regelmäßig große Verkehrsprobleme, weil die vielen Wagen auf den Straßen nach Mogontiacum und auf der Brücke über den Rhenus nur langsam vorankamen und es schon bald schwierig wurde, einen Abstellplatz zu finden. Aber die Polizeitruppe, die für die Sicherheit auf den Straßen sorgte, hatte bereits seit Jahren Erfahrung mit diesen Problemen.

*Gut gerüstet: Helm, Schwert und Dolch sind die typischen Waffen des römischen Soldaten.*

Der Drusus-Tag war in diesem Jahr strahlend schön, sonnig und warm. Linus und Felix trafen sich bereits am frühen Morgen und liefen zu dem am Drususgrab angelegten Paradeplatz. Da ihnen noch genügend Zeit blieb, schlenderten sie erst ausgiebig an den vielen Zelten zwischen Theater und Drususgrab vorbei, schnupperten die einladenden Gerüche der verschiedenen Garküchen und lachten über manche Händler, die allzu ausgefallene Waren anboten.

Schließlich drängte Linus aber, sich einen guten Platz am Drususdenkmal zu sichern. „Ich will genau beobachten, wie die Soldaten die verschiedenen Manöver durchführen!", sagte er zu Felix. „Außerdem muß ich die Opferzeremonie an dem Altar vor dem Denkmal sehen. Das konnte ich im letzten Jahr nämlich nicht, weil ich ganz weit hinten stand."

Die beiden Jungen kamen gerade noch zurecht, um Plätze in der ersten Reihe unmittelbar neben dem Altar zu finden. Inzwischen strömten die Menschen bereits in großen Scharen aus der Stadt zum Paradeplatz. Für einen kurzen Augenblick tauchte auch Felix' Vater in der Menge auf. Mit ihm wollten sie sich später treffen, um das Theater zu besuchen.

„Sie kommen, ich höre sie kommen!", rief Felix plötzlich aufgeregt. Tatsächlich! In der Ferne erklangen die ersten Trompetensignale. Auch Linus starrte gebannt die Straße hinauf, auf der jetzt die ersten Soldaten sichtbar wurden. Sie drängten die unübersehbare Menschenmenge zurück, damit die Truppe ungehindert passieren konnte.

Zuerst erschienen die Standartenträger. Alle Feldzeichen überragte der Adler der Legion. Diese goldglänzende Figur bewunderten die Bewohner von Mogontiacum am meisten. Mit ausgebreiteten Schwingen saß der Vogel auf einem Bündel aus Blitzen und sah so lebendig aus, daß Linus fast glaubte, er könnte sich jeden Moment erheben und wegfliegen. Weil alle Standarten sehr schwer waren, kamen die Träger bei den warmen Temperaturen ziemlich ins Schwitzen.

„Ja", murmelte ein älterer Mann, der neben Linus und Felix stand. „Meine ehemalige Truppe! Die 22. Legion ist schon immer eine Eliteeinheit gewesen! Das sieht man an den vielen Ehrenplaketten, die die Standarten schmücken."

„An welchen Ehrenplaketten denn?", fragte Linus neugierig.

„Die großen, verzierten Scheiben am Schaft der Feldzeichen sind Auszeichnungen, die meine Legion für ihre Tapferkeit in vielen Feldzügen von den Kaisern verliehen bekam. Nicht umsonst trägt sie ja auch die Ehrennamen ‚Die Treue und die Fromme'." Das hatte auch Felix noch nicht gewußt.

Den Standarten folgten die Soldaten. Mit ihren glänzend geputzten Kettenhemden und den Helmen, die ein schwarzer Helmbusch schmückte, sah die Legion beeindruckend aus. Zuletzt ritt auch der Statthalter Poblicius Marcellus auf einem Schimmel auf den Paradeplatz. Über seinem goldfarbenen Panzer trug er einen roten Mantel.

„Da kommt der Befehlshaber der Truppe", sagte der alte Mann zu Felix und Linus. Die beiden blinzelten sich zu, weil dieser Hinweis nicht nötig gewesen wäre. Schließlich kannte jedes Kind in Mogontiacum den Statthalter. Der Mann fuhr fort: „Ihr erkennt ihn an seinem roten Feldherrnmantel, den er über eine Schulter gelegt hat, sowie der breiten Schärpe, die außer ihm niemand tragen darf. Seinen prachtvollen Panzer müßt Ihr Euch aber genau ansehen! Der ist nämlich mit richtigen Figuren verziert!"

Linus und Felix achteten nun besonders auf den Panzer, konnten jedoch durch den Mantel und die Schärpe wenig erkennen. Ihnen fiel aber auf, daß der Statthalter ebenso wie einige andere Soldaten keinen schwarzen, sondern einen roten Helmbusch trug. Der alte Mann erklärte ihnen, daß ein roter

Helmbusch in der Armee den höheren Rang von Offizieren und Befehlshabern anzeigt.

Mittlerweile hatten der Statthalter und sein Gefolge den Altar erreicht, der vor dem Drususdenkmal stand, und waren von den Pferden gestiegen. Dort erwarteten sie schon die Priester, die jetzt mit feierlichen Gebärden ihre Gewänder über die Köpfe zogen. Dann wurde in einem Kohlebecken ein Feuer entfacht, die Priester sprachen Gebete und verbrannten dabei viel Weihrauch. Sein schwerer, süßlicher Geruch legte sich über den Paradeplatz und nahm Linus fast den Atem. Anschließend zündete der Statthalter einen zwischen Altar und Grabmal aufgehäuften Scheiterhaufen an, den Reiter und Fußtruppen dreimal umrundeten, während er niederbrannte.

Schließlich war das Opfer vollzogen, die Befehlshaber bestiegen wieder ihre Pferde und die Truppe formierte sich zu den großen Manövern, deren Figuren sie wochenlang geübt hatten. Deshalb klappte jetzt bei der Parade alles ohne Fehler.

Linus und Felix fanden diesen Teil der Feierlichkeiten immer besonders spannend. Atemlos verfolgten sie, wie die Truppe auf Trompetensignale hin nach links marschierte, nach rechts schwenkte oder plötzlich stehenblieb. Mit Holzschwertern trugen einige Soldaten Scheingefechte aus, bei denen die Zuschauer gut beobachten konnten, daß sich die Soldaten mit ihren Schilden schützten, diese aber fast nur vor sich herschoben. Sie waren nämlich viel zu schwer, um sie anders bewegen zu können.

„Die sind gut trainiert!", meinte der alte Mann neben den Jungen anerkennend. „Den römischen Soldaten hat eben keine Macht der Welt etwas entgegenzusetzen!"

Als letztes Manöver wurde die berühmte ‚Schildkröte' vorgeführt. So nannten die Römer eine Angriffsformation, die ihre Feinde ganz besonders fürchteten. Die Soldaten der vordersten Reihe legten ihre Schilde dicht aneinander, diejenigen der hinteren Reihen hielten sie so über die Köpfe, daß sie fast ein Dach bildeten. Dann stürmte die Truppe geschlossen auf den Gegner los und war dabei durch die Schilde vor allen feindlichen Geschossen geschützt. Heute rannten die Soldaten auf den entsprechenden Befehl hin aber nicht gegen Feinde, sondern auf die Zuschauer los, als ob sie ihre Feinde

*Mit gerunzelter Stirn: Solche Theatermasken trugen römische Schauspieler beim Auftritt. Sie wurden vor das Gesicht gebunden.*

wären und niedergemacht werden sollten. Obwohl die Menge das bereits kannte, wirkte es jedes Jahr wieder so bedrohlich, daß alle schreiend und lachend auseinanderstoben.

Damit war der Paradeteil beendet. Die erhitzten Soldaten legten ihre Helme ab und zerstreuten sich in der Menge, denn auch sie begingen heute einen Festtag und brauchten nicht gleich in die Kasernen zurückzumarschieren.

Für Linus und Felix wurde es Zeit, sich zu dem vereinbarten Treffpunkt zu begeben, um mit Felix' Vater das Theater zu besuchen. Weil der riesige Bau von außen fast abweisend wirkte, überraschte Linus die prachtvolle Ausstattung im Inneren umso mehr. Besonders imponierend fand er die großen, zweiflügeligen Bronzetüren, mit denen die Eingänge verschlossen waren. Jeder der beiden Türflügel zeigte ein feines Durchbruchmuster.

Den Zuschauerrängen gegenüber erhob sich ein hohes, dreistöckiges Gebäude mit einer prachtvoll geschmückten, farbig bemalten Fassade. Davor lag eine schmale Bühne. „Da werden nachher die Schauspieler auftreten", sagte Felix, der bereits mehrfach das Theater besucht hatte.

„Und was soll die Statue in der Mitte der Gebäudefront?", fragte Linus. Weil Felix das auch nicht wußte, antwortete sein Vater: „Das ist Kaiser Augustus, der das Theater erbauen ließ. Er war der Stiefvater von Drusus, zu dessen Ehren die Theateraufführungen gestiftet worden sind."

Die Ränge, die steil anstiegen, füllten sich jetzt rasch. Endlich betraten auch der Statthalter und die obersten Beamten von Mogontiacum sowie die Mitglieder der gallischen Gesandtschaften das Theater und wurden vom Publikum mit lautem Beifall begrüßt. Für sie waren Ehrenplätze in der ersten Reihe freigehalten worden.

„Die Sessel da unten sind aus Marmor gearbeitet", wußte Felix. „Wenn Du längere Zeit auf dem Stein sitzt, wird es Dir auch bei heißem Wetter ganz schön kalt. Deswegen haben die Diener gerade eben dicke Sitzkissen gebracht."

Bevor der Statthalter die Aufführung eröffnete, befahl er noch, die Sonnensegel über dem Theater aufspannen zu lassen. Das beherrschten nur die Soldaten der Flotte, und es beeindruckte Linus sehr. Von allen Seiten wurden riesige Segel so über den Zuschauerraum gezogen, daß die Besucher im Schatten sitzen konnten, während die Bühne im hellen Sonnenlicht lag.

Heute führten die Schauspieler aus Anlaß des Festtages eine bekannte griechische Tragödie auf. Sie trugen Tonmasken, die ihre Gesichter vollständig bedeckten. Felix' Vater flüsterte den Jungen zu, daß auch die Frauenrollen von Männern gespielt würden. „Und paßt besonders darauf auf, was der Chor im Hintergrund der Bühne sagt", fügte er noch hinzu. „Er erläutert nämlich das Geschehen."

Weil sie wenig von dem Stück verstanden, langweilten sich Linus und Felix aber bald. Deshalb verließen sie das Theater und schlossen sich anderen Kindern an, die die römische Parade nachspielten. „Da haben wir ja prächtigen Nachwuchs, der allerdings noch ein bißchen üben muß!", schmunzelte ein Soldat, der sie dabei beobachtete. Die einzelnen Kommandos wurden nämlich nur sehr ungleichmäßig befolgt. Vor allem bei der ‚Schildkröte' stürmten die Jungen nicht so geschlossen voran, wie sie es heute morgen bei der Parade gesehen hatten.

Am Abend sammelten sich die Soldaten und zogen unter Trompetenklängen in das Lager zurück. Nach und nach schlossen sich die Zuschauer in größeren oder kleineren Gruppen an, um heimzukehren.

„Schade, daß der Drusus-Tag schon vorbei ist", sagte Felix mit einem tiefen Seufzer. „Jetzt müssen wir wieder ein Jahr warten. Von mir aus könnten wir jeden Monat einen Drusus-Tag feiern!"

Und das fand Linus auch.

*Die Segel wurden von allen Seiten so über den Zuschauerraum gezogen, daß die Besucher im Schatten sitzen konnten, während die Bühne im hellen Sonnenlicht lag.*

# *Eine namenlose Säule*

*Allmählich fand Linus den Vortrag seines Cousins über die auf der Säule dargestellten Götter aber doch etwas zu langweilig. Schließlich wollte er nicht Meister darin werden, alle römischen Götter mit ihren Namen und ihren Funktionen zu kennen!*

## Wissenswertes

### Auffindung

Die absichtlich zerschlagene Iupitersäule wurde 1904/05 bei Aushubarbeiten in der Sömmeringstraße 6 gefunden. Von der bekrönenden Iupiterfigur blieben nur geringe Reste erhalten, weil man das kostbare Metall, aus dem sie bestand, eingeschmolzen und weiterverarbeitet hat. Im Landesmuseum Mainz sind die originalen Teile der Säule so aufgestellt, daß auch die oberen Partien gut betrachtet werden können. Eine Kopie der Iupitersäule vor dem Kurfürstlichen Schloß läßt ihre ursprüngliche Wirkung erahnen, die durch die heute fehlende farbige Bemalung sicher noch gesteigert wurde.

### Stifter

Mit der Säule dankten Mainzer Bürger Iupiter dafür, daß Kaiser Nero einer gegen ihn gerichteten Verschwörung entging. Weil der Oberbefehlshaber des römischen Heeres in der Inschrift genannt wird, kann die Säule in das Jahr 59 n. Chr. datiert werden.

### Göttersymbole

Jeder römische Gott besitzt ein charakteristisches Beizeichen und ist mit einem bestimmten Tier verbunden: Iupiter z. B. mit dem Adler und einem Bündel aus Blitzen, Minerva mit der Eule und Waffen, Merkur mit dem Heroldstab und dem Hahn. Daran lassen sich die Götter leicht erkennen.

### Doppelnamen

Daß römische und keltische Gottheiten mit ähnlichen Eigenschaften gemeinsam verehrt worden sind und dabei einen Doppelnamen erhielten, haben schon antike Autoren beobachtet und diesen Vorgang als ‚Interpretatio Romana' (römische Interpretation = Deutung) bezeichnet.

### Ewige Verdammung

In der Antike wurden Namen aus Inschriften entfernt (‚eradiert'), wenn Menschen nach ihrem Tode der Verdammung anheimfielen. Damit sollten die Erinnerungen an sie völlig ausgelöscht werden.

Immer wieder war Linus am Stadtrand von Mogontiacum eine große Säule mit farbigen Darstellungen aufgefallen, die neben einem Altar auf einem kleinen Platz stand. Heute begleitete er seinen Cousin zu Fuß durch die Stadt und konnte sich das Denkmal ganz genau ansehen. Glücklicherweise kannte sein Vetter auch die römischen Götter, so daß er die vielen Fragen beantworten konnte, die Linus zu der Säule stellte.

Über einem stufenförmigen Sockel erhob sich zuunterst ein mächtiger Block. Auf allen vier Seiten waren fast lebensgroße Götterfiguren zu sehen. Mit Blumenmotiven reich verzierte Leisten faßten sie rechts und links ein. Einen etwas kleineren Block über einem weiteren Gesims schmückten nur auf drei Seiten Darstellungen. Auf der vierten Seite war eine Inschrift angebracht. Die sehr schlanke Säule zeigte auf fünf übereinander angeordneten Bildstreifen weitere Götterfriese. Linus schwindelte es ein bißchen, als er den Kopf in den Nacken legte, um das blumengeschmückte Kapitell und den quadratischen Block ganz oben zu betrachten, auf dem noch eine Götterfigur stand. Er hatte nicht gewußt, daß es bei den Römern so viele Götter gab. Die farbig bemalte Säule machte auf ihn jedenfalls einen prächtigen Eindruck.

Zwei der auf dem untersten Sockel dargestellten Götter konnte Linus sofort mit Namen nennen. „Das sind ja Iupiter und Herkules!", rief er.

Sein Cousin lachte. „Das war auch nicht schwer zu erraten. Woran hast Du die beiden denn erkannt?"

„Iupiter, den Vater der römischen Götter, natürlich an seinem Szepter, am Blitzbündel und dem Adler. Seinen Mantel hat er über eine Schulter gelegt. So wird dieser Gott doch immer dargestellt. Außerdem weiß ich, daß er auf einem hohen Berg thront, den man Olymp nennt. Von Zeit zu Zeit verläßt er ihn allerdings, um sich auf der Erde umzusehen. Auch die goldene Statue, die auf der Säule steht, zeigt Iupiter."

„Da weißt Du ja schon eine ganze Menge. Aber aus teurem Gold besteht die Statue doch nicht. Das ist nur Bronze, ein preiswerteres Metall, das aber vergoldet wurde und deshalb glänzt, als wäre es Gold. Iupiter sorgt als Göttervater natürlich auch noch für das Wohlergehen des römischen Volkes. Das ist vielleicht seine wichtigste Aufgabe. Du hast aber auch Herkules erkannt – was weißt Du denn von dem?"

„Das war ein Held, der zwölf schwere Prüfungen bestehen mußte, bevor er in den römischen Götterhimmel aufgenommen wurde. Mein Freund Felix hat mir alle seine Heldentaten erzählt. Besonders gut gefiel mir die Geschichte, in der er einen Löwen, der neleisch – nereisch oder so ähnlich heißt...."

„Du meinst den Nemeischen Löwen!", warf sein Cousin ein, wobei er das „m" deutlich betonte.

„Warum fragst Du mich denn, wenn Du es selber weißt? Aber egal, wie der Löwe nun heißt, Herkules erschlug ihn mit seiner Keule und trägt seither sein Fell über der Schulter. Daran erkenne ich ihn immer."

„Herkules war sehr gutmütig, konnte aber auch ganz schön pfiffig sein, wenn es um seinen eigenen Vorteil ging. Er hat sich also oft genauso verhalten, wie viele das in ihrem Alltag auch tun. Vielleicht mögen die Menschen ihn heute besonders gern, weil er uns so ähnlich ist."

Diese nachdenklichen Betrachtungen langweilten Linus, und deshalb fragte er ablenkend: „Wen zeigen denn die beiden anderen Bilder? Die kann ich nicht erklären!"

„Die beiden Göttinnen auf dieser Seite erkenne ich an den Gegenständen, die sie bei sich haben. Fortuna, die Glücksgöttin, hält oft ein Füllhorn im Arm. Die Menschen glauben, daß sie daraus Glück und Erfolg ausschütten kann. Das Steuerruder, das

*Herr über Himmel und Erde: Iupiter, als Göttervater der höchste römische Gott. Seine Macht wird durch das Szepter sowie ein Bündel aus Blitzen symbolisiert, die er oft in den Händen hält. Häufig wird er von einem Adler begleitet.*

Du neben ihr siehst, symbolisiert das wechselnde Glück im Leben eines Menschen. Ihr gegenüber steht Minerva, die Göttin der Weisheit. Sie trägt immer einen Helm auf dem Kopf und über der Brust einen Schuppenpanzer. Er wird von den Römern Aegis genannt und schützt die Göttin, die eine Tochter des Göttervaters Iupiter ist, auf doppelte Weise. Wer den darauf abgebildeten Kopf des Ungeheuers Gorgo ansieht, wird sofort zu Stein. Außerdem züngeln Schlangen am Rande der Aegis. Begleitet wird Minerva von der Eule, dem Tier der Weisheit. Ich würde Dir raten, beim Lernen schon ein bißchen auf diese Göttin zu bauen, das kann Deiner Weisheit sicher nicht schaden."

„Ach Du!" Linus schubste seinen Cousin in die Seite. „Du hast natürlich die Weisheit der Minerva mit Löffeln gegessen und kannst mir deshalb bestimmt sagen, wer die beiden anderen Götter auf der vierten Seite sind!"

„Sicher bin ich mir auch nur bei einer der hier dargestellten Gottheiten. Merkur ist der Götterbote, der den anderen Göttern und den Menschen die Entscheidungen des Göttervaters verkündet. So muß er vom Olymp aus in Windeseile weite Strecken zurücklegen. Deshalb trägt er eine geflügelte Kappe und Schuhe mit Flügeln. Außerdem hält er den aus zwei Schlangen gebildeten Heroldstab im Arm, den die Römer Kerykeion nennen. Merkur wird immer von einem Hahn begleitet, den Du oberhalb seines Armes siehst. Bei der ihm gegenüberstehenden Göttin bin ich mir nicht sicher, welche es sein soll. Auch sie hält einen Heroldstab in der Hand. Es könnte sich deshalb vielleicht um Felicitas, die Göttin des Glücks, handeln, oder um Maia, die unserer Göttin Rosmerta entspricht....."

„Jetzt willst Du Dir wohl einen Spaß mit mir erlauben! Kein Mensch wird doch eine Göttin darstellen, ohne zu wissen, welche er eigentlich meint. Und wenn sich jeder Gott bei den Römern an einem

Beizeichen erkennen läßt, müßte das doch auch bei dieser Göttin durch ihren Heroldstab möglich sein. Und da nennst Du mir gleich drei Namen?"

„Nein, Linus, so einfach ist das nun doch nicht. Du hast sicher schon bemerkt, daß manche Götter wie Iupiter-Taranis, Apoll-Grannus oder eben auch Maia-Rosmerta Doppelnamen tragen. Einer von ihnen ist keltisch, der andere römisch. Diese Doppelnamen sind tatsächlich erst entstanden, als die Römer in unser Land kamen. In ihrer Heimat haben die Römer verschiedene Götter verehrt, die für ihr Wohlergehen, ihre Gesundheit oder ihren Erfolg sorgten. Auch unsere Vorfahren glaubten an Götter, die ebenfalls Wohlergehen, Gesundheit oder Erfolg schenken konnten. Obwohl sie die gleichen Eigenschaften besaßen, benutzte jedes Volk seine eigenen Namen für die Götter. Wenn sich die verschiedenen Gottheiten aber ähnelten, haben die Menschen im Laufe der Zeit diese Götter miteinander verbunden. Erst dabei sind die Doppelnamen gebildet worden, die wir heute benutzen. Nehmen wir als Beispiel Iupiter-Taranis. Iupiter ist bei den Römern der höchste Gott, Taranis ist es bei uns. Weil sich ihre Eigenschaften als Himmelsbeherrscher ähneln, werden beide unter diesem Doppelnamen verehrt. Bei Apoll und Grannus handelt es sich um Heilgötter, auch wenn die Römer und wir dem gleichen Gott einen anderen Namen gegeben haben. Deshalb beten wir oft in einem Tempel trotz unterschiedlicher Namen gemeinsam den gleichen Gott an."

Das verstand Linus sofort. „Und deshalb können wir manchmal auf Reliefs oder Denkmälern einem Gott einen anderen Namen geben als die Römer, nicht wahr?"

„Genauso ist es", bestätigte sein Cousin. Dann zeigte er Linus auf der Säule weitere Götter mit typischen Kennzeichen. „Die Dioskuren sind Zwillinge, treten also stets zu zweit auf. Jeder führt ein Pferd am Halfter. Zwischen ihnen siehst Du Apoll. Diesen Gott erkennt man an seiner Leier, denn er beschützt auch die Künstler. Auf dem untersten Fries des Säulenschaftes steht Mars, der Kriegsgott. Er ist immer mit Helm und Panzer sowie Schild und Lanze gerüstet. Daneben nähert sich Victoria, die Göttin des Sieges, im langen Gewand mit einer Palme, die sie dem Sieger überreichen wird. In der nächsten Reihe kannst Du den Schmiedegott Vulcanus erkennen. Er hält einen Hammer oder eine Zange in der Hand und steht meist neben einem Amboß. Bei uns heißt dieser Gott übrigens Sucellus. Darüber ist eine Opferszene dargestellt, bei der ein Trankopfer aus einer Schale gespendet wird. So etwas kennst Du

*Linus schwindelte es ein bißchen, als er den Kopf in den Nacken legte, um das blumengeschmückte Kapitell und den quadratischen Block ganz oben zu betrachten, auf dem noch eine Götterfigur stand.*

von Opferzeremonien für die verschiedensten Götter vor den Tempeln. Ihrem Rang als Göttermutter und Gattin des Iupiter gemäß findest Du Iuno schließlich ganz oben. Sie ist mit einem lang herabfallenden Gewand bekleidet und trägt außerdem noch Szepter und Diadem. Auf den beiden Gespannen zu ihren Seiten nähern sich die Mondgöttin Luna und der Sonnengott Sol, die Tag und Nacht symbolisieren und deshalb mit Strahlenkrone oder Mondsichel geschmückt sind. Wenn Sol sein Gespann über den Himmel lenkt, herrscht bei uns Tag, und wenn Luna unterwegs ist, haben wir Nacht."

Gerade bei den oberen Darstellungen hätte Linus wohl kaum alle Einzelheiten unterscheiden können, die ihm sein Cousin erklärte, wenn die Säule nicht farbig bemalt gewesen wäre.

Allmählich wurde ihm der Vortrag über die römischen Götter aber doch etwas zu langweilig. Schließlich wollte er nicht Meister darin werden, alle römischen Götter mit ihren Namen und ihren Funktionen zu kennen! Die Inschrift auf dem zweiten Block, in der ein häßliches Loch klaffte, interessierte ihn aber doch noch. „Was steht denn in der Inschrift? Das kannst Du mir doch sicher sagen!"

„Da steht, daß Quintus Iulius Priscus und Quintus Iulius Aulus nach einem Beschluß der Bürger dieses Denkmal zum Wohl eines römischen Kaisers errichten ließen. Weil der Name fehlt, weiß ich aber nicht, um welchen Herrscher es sich handelt. Die beiden Künstler, die diese Säule geschaffen haben, waren so stolz auf ihr Werk, daß sie am unteren Gesims des Sockels ihre Namen einmeißelten: ‚Samus und Severus, die Söhne des Venicarus, haben die Bildhauerarbeiten ausgeführt.' In Mogontiacum gibt es keine weiteren Werke von ihnen. Übrigens ist von Priscus und Aulus aus ihrem privaten Vermögen wohl auch noch der Altar gestiftet worden, der vor der Säule steht. Jetzt würde ich aber vorschlagen, daß wir uns in der gegenüberliegenden Taverne ‚Bei Nero' etwas

*Dank oder Bitte an einen Gott: Das Verbrennen von Weihrauch und Opfergaben oder das Spenden eines Trankopfers in einem tragbaren Bronzebecken gehörten in römischer Zeit zum Kult. Eine entsprechende Opferszene ist auf der Säule dargestellt.*

stärken, denn Du siehst ein bißchen hungrig aus. Ich lade Dich dazu ein."

Linus schüttelte den Kopf. Daß man einem Kaiser eine Säule stiftete und dann seinen Namen herausschlug, konnte er nicht verstehen. Allerdings wollte er jetzt nicht darüber nachdenken, denn es war viel verlockender, zu einem Imbiß eingeladen zu werden, als noch mehr von römischen Göttern zu hören und weiter über herausgeschlagene Inschriften zu grübeln.

# „Werden wir hier noch verflucht?“

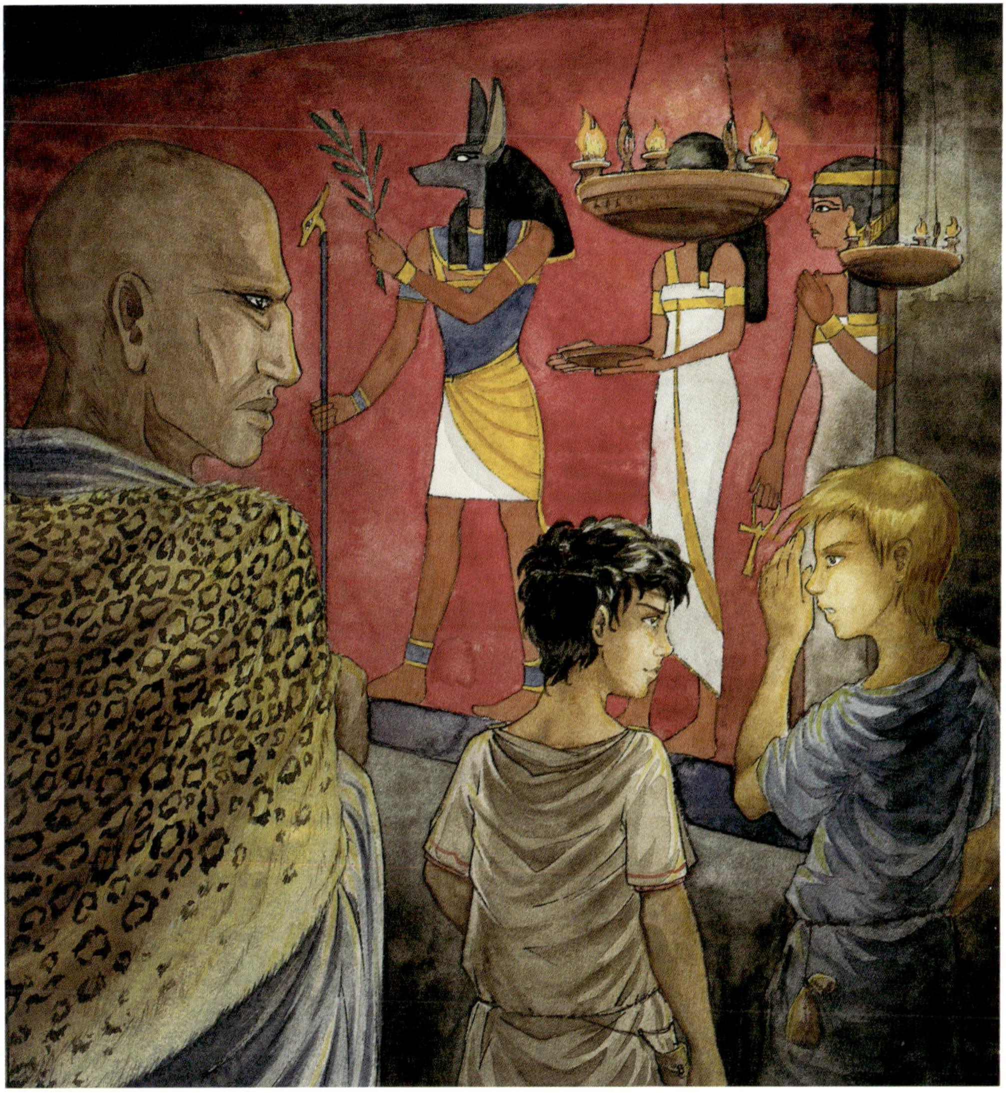

*Linus und Felix wunderten sich gerade über die fremdartigen Darstellungen an den Wänden des Tempels, die Menschen mit Tierköpfen zeigten, als unbemerkt ein Priester zu ihnen trat.*

## Wissenswertes

### Isis-Heiligtum

Die bei den Grabungen des Landes-Denkmalamtes 1999–2001 freigelegten Befunde des Isis- und Magna Mater-Tempels sind heute in der ‚Taberna Archaeologica' im Untergeschoß der Römerpassage in der Mainzer Innenstadt zu besichtigen.

### Wandfresken

Vermutlich waren die Wände des Isis-Heiligtums großflächig mit Wandmalereien geschmückt, die eine Festprozession zu Ehren der Göttin zeigten. Davon blieb nur ein Fragment des hundsköpfigen Gottes Anubis erhalten.

### Isispriester

Isispriester waren an den kahlgeschorenen Köpfen und ihrer besonderen Tracht aus weißem Gewand und umgelegtem Pantherfell zu erkennen.

### Kultpraktiken

In der Asche der Opferstellen wurden viele organische Reste entdeckt, die einen außergewöhnlich guten Einblick in die Kultpraktiken zulassen, die im Isis-Heiligtum üblich waren. Alle genannten Lebensmittel sind nachgewiesen worden.

### Fluchtäfelchen

In der Antike versuchte man, seinen Feinden zu schaden, indem man ihre Namen mit Verwünschungsformeln auf ein Bleiplättchen schrieb. Dieser Schadenszauber galt im Imperium Romanum (= römischen Reich) aber als schwerstes Verbrechen und stand unter strengsten Strafen. Weil er nur heimlich ausgeübt werden konnte, sind uns die bei einer solchen Zeremonie notwendigen Riten im einzelnen nicht bekannt. Mehrere im Isis-Heiligtum gefundene Bleitäfelchen, die um einen Vogelknochen gewickelt waren, enthielten solche Verfluchungen und belegen, daß in Mogontiacum auch Magier ihre Dienste anboten.

Unmittelbar neben der Hauptstraße lag im Zentrum von Mogontiacum ein Heiligtum, das auf allen Seiten von einer hohen Mauer umgeben war. Weil niemand sehen konnte, was dort geschah, blieb das „Heiligtum der Fremden Götter“, wie es von den Bewohnern genannt wurde, immer etwas geheimnisvoll.

Heute feierte ein Onkel von Linus dort in festlichem Rahmen seinen Geburtstag und hatte dazu die ganze Familie sowie Felix, den Freund von Linus, eingeladen. In dem heiligen Bezirk gab es nämlich außer dem Tempel zahlreiche Gaststätten, in denen sich die Gläubigen zu Kultfeiern versammelten, die aber auch für größere Feste zu mieten waren. Seinen Geburtstag hatte Linus' Onkel wegen der vielen Gäste nicht zu Hause feiern wollen und deshalb einen der Gasträume für sich reservieren lassen. An zahlreichen Herdstellen bereiteten Köche das große Festessen zu. Frisches Wasser, das in mehreren Brunnen bereitstand, sorgte für die notwendige Sauberkeit in der Küche und den Gasträumen. Linus war allerdings enttäuscht, daß er beim Essen nur zwischen Rind- oder Schweinefleisch wählen konnte, denn den ebenfalls angebotenen Lammbraten mochte er gar nicht. Er hatte sich größere Genüsse von der Festtafel versprochen!

Während die Erwachsenen fröhlich und ausgelassen feierten, erforschten Linus und Felix nach dem Essen den Tempelbezirk. Daß hier die Göttinnen Isis und Magna Mater verehrt wurden, wußten sie zwar, aber niemand hatte ihnen bisher mehr darüber erzählt.

Der Tempel war ein stattlicher Bau mit zwei gleich großen Innenräumen, zwischen denen eine Brunnenstube lag. Drei Statuen auf massiven Sockeln schmückten den Eingang. Die farbig bemalten Wände zeigten sehr merkwürdige Darstellungen wie beispielsweise einen aufrecht gehenden, schwarzen Hund, der einen großen Palmwedel und einen Heroldstab trug.

„Das finde ich aber komisch!“, meinte Linus gerade zu Felix. „Kein Hund kann aufrecht gehen, und einen Palmzweig kann er schon gar nicht in seinen Pfoten halten.“

*Ein rätselhafter Ausschnitt: Von der Wandmalerei des Isis-Tempels hat sich nur dieses Fragment erhalten, das den ägyptischen Gott Anubis zeigt. Ob in dem Gebäude aber ein Festzug der Götter dargestellt war oder ein Umzug, bei dem Gläubige sich als Götter verkleideten, wissen wir nicht.*

*Geheimnisvoller Zauber: Um einen Vogelknochen gewickelte Bleitäfelchen mit Verwünschungen und Tonpuppen, die in geheimen Zeremonien durch Einstiche rituell getötet worden waren, wurden im Heiligtum niedergelegt. Mit beidem wollte man seinen Feinden Schaden zufügen.*

„Ihr seht hier ja auch nur symbolische Darstellungen", sagte plötzlich eine tiefe Stimme hinter ihnen. Unbemerkt war ein Mann mit kahlgeschorenem Kopf zu den Jungen getreten. Über sein weißes Gewand, das eine Schulter frei ließ, hatte er noch ein Pantherfell gelegt. „Ich diene als Priester in diesem Heiligtum, das der Göttin Isis geweiht ist. Die Wandmalerei stellt einen Festzug zu Ehren der Göttin dar. Isis wird vor allem in der fernen Provinz Ägypten verehrt. Sie beschützt die Vegetation und läßt Früchte und Getreide immer wieder wachsen und reifen. In ihrer Heimat ist Isis mit dem Gott Anubis verbunden, und dort können Götter auch als Tiere dargestellt werden. Anubis nimmt dann die Gestalt eines Hundes an, in der er auch hier zu sehen ist."

Zusammen mit dem Priester gingen Linus und Felix zurück in den großen Tempelhof, in dem ein lebhaftes Treiben herrschte. Händler boten hier verschiedenste Früchte wie Datteln, Feigen, Oliven, Weintrauben und Pinienkerne an, die recht teuer waren, weil sie erst aus fernen Ländern importiert werden mußten. Preiswerter konnten die Besucher Getreide, Obst und Nüsse erwerben, die in der Umgebung von Mogontiacum geerntet worden waren. An anderen Ständen gab es Fische und Eier zu kaufen. Geflügel und Singvögel wurden in großen Käfigen gehalten, aus denen man sich das Tier aussuchen konnte, das man haben wollte. Vor allem die Vögel in den engen Käfigen taten Linus und Felix leid.

In dem großen Hof waren zahlreiche Opferstellen eingerichtet. Einige von ihnen besaßen eine halbrunde Einfassung aus Stein, andere zeichneten sich als unregelmäßig begrenzte, schwarz verfärbte Gruben direkt im Erdboden ab. An jeder Feuerstelle verbrannten Besucher ihre Opfergaben, wobei die Pinienkerne als Räucherwerk dienten.

„Als heiliges Tier der Göttin Isis gilt das Huhn", sagte der Priester. „Deswegen opfern die meisten Gläubigen Hühner. Wenn sie das nicht bezahlen können, werden Singvögel genommen. Wer auch das noch zu teuer findet, kann stattdessen ein Tonfigürchen in der Form eines Hahnes oder eines Vogels wählen. Die Göttin achtet nicht auf den Preis des Opfers, sondern auf das Opfer selbst."

Sobald das Feuer verlöscht war, stellten die Gläubigen zwei kleine Öllämpchen auf die Asche, von denen eines mit seiner Öffnung nach oben, das andere nach unten wies. Diesen Brauch kannten Linus und Felix aus keinem anderen Heiligtum. Der Priester erklärte ihnen, daß die Opfernden damit die Götter der Ober- und der Unterwelt gnädig stimmen wollten.

„Was passiert aber, wenn der Ascheberg immer höher wird?", fragte Linus. Er wußte von zuhause, daß die Asche regelmäßig aus dem Herd entfernt werden mußte.

„Von Zeit zu Zeit reinigen wir die Opferstellen. Was aber einmal der Göttin geweiht worden ist, dürfen Menschen niemals wieder benutzen oder gar zerstören. Deswegen füllen wir die Aschenreste in extra dafür ausgehobene Gruben, die wir danach verschließen. Damit wird der Besitz von Isis für alle Zeiten davor geschützt, entweiht zu werden."

„Und worauf wartet der Schreiber da hinten?" Felix hatte in einer Ecke des Hofes einen Tisch entdeckt, an dem ein Mann saß, vor dem kleine Stichel, einige Bleiplättchen, Knöchelchen und Tonpuppen ausgebreitet waren.

„Wenn Du einen besonderen Wunsch an die Göttin hast, kannst Du ihn auf solch ein Bleiplättchen einritzen oder einritzen lassen. Das Material ist nämlich sehr weich. Damit außer der Göttin niemand von diesem Wunsch erfährt, wird das Plättchen dann um einen Vogelknochen gerollt und irgendwo hier im Tempel niedergelegt. Der Gläubige hofft, daß die Göttin diesen Wunsch gnädig erfüllt. Allerdings werden auf solchen Täfelchen oft auch Feinde verflucht. Der Name des Menschen, dem man Böses wünscht, wird dann ebenfalls auf so ein Plättchen geritzt, das man der Göttin übergibt. Das geschieht während der Nacht in geheimen Zeremonien, die ein Zauberer oder ein Magier durchführen muß, weil dabei bestimmte Rituale einzuhalten und nur ihnen bekannte Fluchformeln zu sprechen sind. Ihr müßt aber wissen, daß dieser Schadenszauber strengstens verboten ist. Wenn man ihn entdeckt, bestraft man die Zauberer und die Bittenden wie schwerste Verbrecher. Außerdem weiß ich nicht, ob die Göttin diese Wünsche wirklich erhört." Der Priester lächelte ein bißchen. „Die Tonfiguren werden durch Einstiche bei geheimen Zeremonien ebenfalls rituell getötet, um dem Menschen, den sie darstellen, im Alltag Unheil widerfahren zu lassen."

Solche Bräuche fanden weder Linus noch Felix schön.

In diesem Augenblick wandte sich ein Gläubiger, der sich im Heiligtum offenbar nicht auskannte, mit einer Frage an den Priester. Linus und Felix waren unterdessen durstig geworden.

„Komm, Linus!", flüsterte Felix seinem Freund zu. „Bevor wir hier noch von irgendjemandem verflucht werden, wollen wir lieber sehen, ob wir noch etwas zu trinken bekommen können, oder ob die Gäste Deines Onkels für uns nichts mehr übriggelassen haben!"

*„Das finde ich aber komisch!", meinte Linus gerade zu Felix. „Kein Hund kann aufrecht gehen, und einen Palmzweig kann er schon gar nicht in seinen Pfoten halten!"*

*Während der Freilassungszeremonie erhielt der Sklave, der für den Gang zum Magistrat eine kleine Filzkappe aufsetzen mußte, auch eine Ohrfeige.*

## Wissenswertes

### Lebensgeschichte

Der Mord an Iucundus hat sich im 1. Jhd. n. Chr. tatsächlich ereignet. Der Patron (= Herr) Terentius hat seinem Freigelassenen später einen Grabstein gesetzt und darauf das kurze Leben und das schreckliche Ende von Iucundus geschildert.

### Freilassungszeremonie

Einzelheiten der Zeremonie, die vor dem Magistrat der Stadt in der Curie (Rathaus) stattfand, sind nicht bekannt. Das Berühren mit dem Stab und die Ohrfeige werden in den Quellen aber ausdrücklich erwähnt.

### Freigelassene

Bei ihrer Freilassung erhielten die Sklaven unterschiedliches Bürgerrecht, das dem Rechtsstand ihres ehemaligen Patrons entsprach. Nur mit dem vollen römischen Bürgerrecht konnten Liberti (= Freigelassene) später auch Ämter in der Verwaltung übernehmen, während ihnen sonst nur Ehrenämter beispielsweise im Kaiserkult zugänglich waren. Von ihrem meist großen Reichtum zeugen aber viele Stiftungen, die in verschiedenen Städten der Provinz Obergermanien nachgewiesen sind. Sogar am kaiserlichen Hof in Rom nahmen Freigelassene hohe und einflußreiche Stellungen ein.

In der Stadt gab es in diesen Tagen nur ein Gesprächsthema: den Mord an dem Hirten Iucundus. Viele Bewohner hatten den jungen Mann nämlich noch persönlich gekannt und ihn wegen seines freundlichen Wesens sehr geschätzt.

Iucundus war lange Zeit Sklave des Terentius gewesen und von seinem Herrn als Viehhirte beschäftigt worden. Nach seiner Freilassung weidete er als Hirte die Herden anderer Gutsbesitzer und wurde dabei so reich, daß er schließlich eigene Sklaven besaß. Einer von ihnen hatte Iucundus nun umgebracht, war anschließend aber selbst auf ungeklärte Weise im Moenus ertrunken.

Natürlich unterhielten sich auch Linus und Felix über diesen Mord.

„Etwas verstehe ich nicht“, sagte Linus. „Wieso hat Terentius denn seinen Sklaven freigelassen? Ich dachte immer, wer Sklave ist, bleibt es sein Leben lang.“

„Das stimmt nicht ganz“, erwiderte Felix. „Auch mein Vater hat vor kurzem einen Sklaven freigelassen. Er hatte seit seiner Geburt in unserem Haus gelebt, so daß ein freundschaftliches Verhältnis entstanden war. Mein Vater vertraute ihm dann immer wichtigere Geschäfte an, bis er ihm schließlich die Freiheit schenkte. Auch zwischen einem Freigelassenen und seinem ehemaligen Herrn bleibt ein besonders enges Verhältnis bestehen, und mein Vater und sein Freigelassener arbeiten heute als Geschäftsleute eng zusammen."

„Aber hat Dein Vater nicht viel Geld verloren, wenn er auf seinen Sklaven verzichtet? Schließlich hat der doch in Eurem Haus gelebt, bis er erwachsen war. Außerdem wird immer gesagt, daß es sehr teuer ist, Sklaven zu kaufen."

„Gekaufte Sklaven werden auch selten freigelassen, denn man erwirbt sie wegen besonderer Fähigkeiten. Mein Vater sagt, daß ein guter Koch auf dem Sklavenmarkt so viel kostet, wie ein Handwerker in einem Jahr verdient oder ein Soldat als Lohn erhält. Aber weil dieser Sklave in unserem Hause geboren wurde, hat er fast zu unserer Familie gehört. Und wenn man einen Sklaven so gut kennt, ist es üblich, ihm die Freiheit zu schenken. Weißt Du eigentlich, wie jemand freigelassen wird?"

*Eine Lebensgeschichte überdauert:*
*Die ländliche Szene auf dem Grabstein mit einem Hirten und seiner Herde nimmt wohl Bezug auf den Beruf des Verstorbenen. – Die Inschrift lautet übersetzt:*
*Iucundus, des Marcus Terentius Freigelassener, Viehzüchter. Vorübergehender Wanderer, wer auch immer es liest, bleib stehen und sieh, wie unwürdig dahingerafft ich eitle Klage erhebe. Leben konnte ich nicht länger als 30 Jahre. Denn es entriß ein Sklave mir das Leben, und er selbst stürzte sich kopfüber in den Strom. Es raubte diesem der Main, was er seinem Herrn entrieß. Sein Patron (= Terentius) ließ auf seine Kosten diesen Grabstein setzen.*

Weil Linus die Zeremonie nicht kannte, schilderte Felix sie seinem Freund ausführlich. Am frühen Morgen des Freilassungstages waren sein Vater und der Sklave, der eine kleine Filzkappe aufsetzen mußte, zum Magistrat gegangen. Dort hatte ein Freund von Felix' Vater bereits gewartet, der dann in einer feierlichen Rede behauptete, diesen Sklaven als einen freien Mann zu kennen. Dabei berührte er ihn mit einem Stab. Felix' Vater durfte auf die Rede nicht antworten. Mit seinem Schweigen erkannte er die von seinem Freund vorgetragene Behauptung an. Anschließend wurde der Sklave als freier Bürger in die Bürgerlisten eingetragen. Während der Zeremonie hatte der Sklave auch eine Ohrfeige erhalten.

„Eine Ohrfeige?“ Linus war entsetzt. „Warum denn das? Soll er etwa dafür bestraft werden, daß er seinen Herrn verläßt?“

„Natürlich keine richtige Ohrfeige“, beschwichtigte Felix. „Das ist genau wie das Berühren mit dem Stab nur eine symbolische Handlung. Was sie eigentlich bedeutet, weiß ich aber auch nicht. Am schönsten fand ich übrigens die anschließende Feier bei uns zu Hause. Bei dem Festessen wurden nämlich auch die in Honig eingelegten und mit Pfeffer gewürzten Haselnüsse serviert, die meine Mutter sonst selten zubereiten läßt, und die ich so gerne esse. Am Abend hat der Sklave dann als freier Mann unser Haus verlassen.“

# *Im Hafen*

*Im Hafen legten viele Lastschiffe an, die Güter aus fernen Ländern nach Mogontiacum brachten.*

## Wissenswertes

### Transportwege

Transporte wurde wegen der Kosten und der Geschwindigkeit bevorzugt auf Wasserstraßen abgewickelt. Von den westlichen Provinzen des römischen Reiches wie Hispania = Spanien führte eine viel benutzte Handelsroute durch das Mittelmeer = Mare nostrum nach Massilia = Marseille oder Lugdunum = Lyon und von dort aus über den Rhodanus = Rhône, die Arar = Saône und die Mosella = Mosel hinauf bis nach Mogontiacum = Mainz.

### Zollvorschriften

Auf Waren wurde ein Einfuhrzoll in Höhe von 2,5% des Warenwertes erhoben. Offizielle Sendungen für das Militär waren vermutlich steuerfrei.

### Adressen

Pinselinschriften, die den Empfänger nennen, sind auf Gefäßen sowie den Holz- oder Knochen(=Bein-)plättchen relativ selten erhalten, weil die mit organischem Material wie Ruß hergestellte Tinte leicht vergeht. Bei einer besser haltbaren, in Germanien aber kaum benutzten Tinte wurden Eisenspäne zugesetzt.

### Amphorenstempel

Welcher Name sich hinter den Buchstaben APM verbirgt, ist nicht bekannt. Amphoren mit diesem Stempel auf den Henkeln finden sich auch in vielen anderen Orten der Provinz Obergermanien wie Augst (Schweiz) oder in benachbarten Provinzen.

### Händlerdepot

Von den Händlern Proculus und Urbicus haben sich in Mainz mehrere Inschriften gefunden. Das hier erwähnte Lager ist nach einem Sammelfund von 10 Amphoren am ‚Dimesser Ort' (heute Zoll- und Binnenhafen) erschlossen worden.

### Münzen

Im römischen Münzsystem gab es verschiedene Geldstücke. Am kostbarsten waren die Gold- und Silbermünzen (Aureus und Denar). Im Alltag wurde meistens mit Bronzemünzen – den Sesterzen und Assen – bezahlt. Für einen Denar bekam man vier Sesterze oder 16 Asse.

### Schiffe

Die antiken Schiffe sind für die unterschiedlichen Zwecke, denen sie dienten, mit verschiedenen Rumpfformen gebaut worden.

Der Hafen von Mogontiacum war nicht sehr groß, aber es ging dort wie in allen Häfen der römischen Welt laut und lebhaft zu. Händler aus der Stadt brachten Waren, die bis zum Verladen in großen Hallen gelagert werden mußten. Mit Gütern beladene Schiffe legten an, um ihre Ladung zu löschen und für die nächste Fahrt neue Waren an Bord zu nehmen.

Die Wände des rechteckigen Hafenbeckens waren mit sorgfältig abgedichteten Holzplanken befestigt. In kleineren Abständen wurden sie von senkrecht angebrachte Latten gehalten. Hinter dem gepflasterten Kai standen zahlreiche Holzschuppen, die als Warenlager und Verkaufskontore dienten. Auch die Zollbehörde von Mogontiacum hatte hier ihren Sitz.

„Dort drüben macht gerade ein Lastschiff fest! Laß uns sehen, was es an Bord hat, Linus!“ Felix wartete die Antwort von Linus gar nicht erst ab, sondern lief zu der Stelle am Kai, an der das Schiff eben vertäut wurde. Es ließ sich schon durch seine breite, plumpe Form mit dem hochgezogenen Bug als Lastschiff erkennen. Die großen Steine, die im Schiff lagen und als Anker dienten, brauchte der Schiffer hier im Hafen nicht zu benutzen.

Bereits vom Kai aus sahen Linus und Felix Holzfässer auf dem Deck stehen. Zahlreiche Amphoren wurden dahinter von einer an der Bordwand befestigten Planke gehalten. Große, verschnürte Pakete, die ebenfalls an Deck lagen, enthielten vermutlich Stoffballen.

Zusammen mit den Jungen waren auch einige Kaufleute und Hafenarbeiter zu der Stelle gekommen, an der das Schiff festgemacht hatte. Eine breite Planke wurde als Laufsteg vom Ufer auf das Schiffsdeck geschoben.

Zunächst mußten die Zollformalitäten erledigt werden. Das Schiff hatte Waren an Bord, die von großen Gütern in Hispania nach Massilia transportiert worden waren und dann von dort aus über den Rhodanus, die Arar und die Mosella nach Mogontiacum kamen. Da der Verkauf erst hier erfolgen sollte, mußte in diesem Hafen auch der Zoll dafür entrichtet werden. „Das wird wieder ganz schön teuer!“, seufzte der Besitzer. „2,5% des Warenwertes habe ich an den Staat zu zahlen!“

Während er die Formalitäten auf der Zollbehörde abwickelte, wurden von der Mannschaft bereits einige Amphoren an Land gebracht. Sie waren für den

*Qualität macht sich bezahlt: Händlerstempel auf den Griffen von Amphoren bürgten wie die Markenzeichen heutzutage für die Herkunft und Güte der gekauften Produkte.*

Statthalter und das Militär bestimmt und deshalb steuerfrei.

Etliche Hafenarbeiter standen schon bereit, um gegen einen Lohn die Waren abzuladen, als der Besitzer endlich zurückkehrte. „Es hat so lange gedauert, weil es mit den steuerfreien Gütern für das Militär Schwierigkeiten gab", entschuldigte er sich bei den bereits ungeduldig werdenden Männern. „Ich sollte für die gesamte Fracht Zoll bezahlen."

„Ich möchte die fünf Fässer mit Pinienkernen, Datteln und Oliven abholen, die die Kaufleute Proculus und Urbicus bereits vor Wochen bestellt hatten!", sagte ein Mann, der mit einem größeren Gespann am Kai stand. „Außerdem werden noch vier Amphoren mit Öl aus Hispania und sechs Weinamphoren des Unternehmers APM erwartet. Die Händler sind schon ärgerlich, weil die Lieferung so lange auf sich warten ließ."

„Das ist nicht meine Schuld!", verteidigte sich der Schiffsbesitzer. „In den Wintermonaten kann es länger dauern, weil die Schiffahrt im Mare nostrum durch das schlechte Wetter behindert wird. Das sollten Proculus und Urbicus eigentlich auch wissen."

Die für die beiden Händler bestimmten Holzfässer wurden über die Planke an Land gerollt, die Amphoren an Stangen befestigt und gleich zum Wagen getragen. Die Hafenarbeiter wußten genau, welche Gefäße sie verladen mußten. Auf den Amphoren waren nämlich mit einem dicken Pinsel die Namen der Empfänger aufgemalt worden. An den Fässern hingen kleine Plättchen aus Holz oder Bein, auf denen die Namen der Händler, die sie bestellt hatten, ebenfalls vermerkt waren. Der Fuhrmann kontrollierte sicherheitshalber Herkunft und Inhalt der Gefäße noch einmal an den Stempeln, die die Hersteller auf den Amphorenhenkeln angebracht hatten, bevor er mit seiner Ladung den Hafen verließ. Felix und Linus wußten, daß er sie zu einem großen Depot bringen würde, das die beiden Kaufleute etwas außerhalb von Mogontiacum unterhielten. Dort befand sich auch der Firmensitz.

Die für das Militär bestimmten, zollfreien Güter hatten Truppenangehörige mittlerweile abgeholt, und die letzte an Land gebrachte Ware kauften mehrere Händler auf, die nur kleine Mengen brauchten.

Als der Betrieb allmählich nachließ, trat der Schiffsbesitzer zu einem Mann, der an einem Tisch saß und verschiedene Beutel vor sich liegen hatte. Er übergab ihm ein Papyrusschreiben und erhielt daraufhin einen größeren Geldbetrag ausgehändigt, der aus verschiedenen Beuteln abgezählt wurde.

„Sollen wir das nicht auch einmal versuchen?", überlegte Linus laut. „Wir legen dem Mann ein Stück Papyrus vor und bekommen dafür ein paar Sesterze. Davon können wir uns Feigen oder Datteln kaufen gehen..."

„Für ein Stück Papyrus gebe ich Euch nicht ein einziges As!", unterbrach der Mann hinter dem Tisch freundlich die Überlegungen von Linus. „Der Schiffer hat mir eben den Wechsel einer Bank aus Lugdunum ausgehändigt. Nur mit einem solchen Dokument, das natürlich gestempelt und gesiegelt sein muß, erhaltet Ihr von mir Geld. Aber es ist ganz praktisch, mit einem solchen Beleg in jedem Hafen Geld holen zu können, anstatt immer in einem Beutel schwere Münzen mit sich herumzutragen."

Gerne hätten die beiden Jungen ja noch das schlanke Schiff mit den vielen Rudern besichtigt, das im hinteren Teil des Hafens vertäut war. Es gehörte zur Kriegsflotte der römischen Armee. Die Werftarbeiter besserten gerade unter der Aufsicht von Soldaten die Dichtung des Bootes aus. Der Befehlshaber blickte aber so grimmig drein, daß Linus und Felix nicht wagten, sich dem Schiff zu nähern, sondern lieber das Hafengelände verließen.

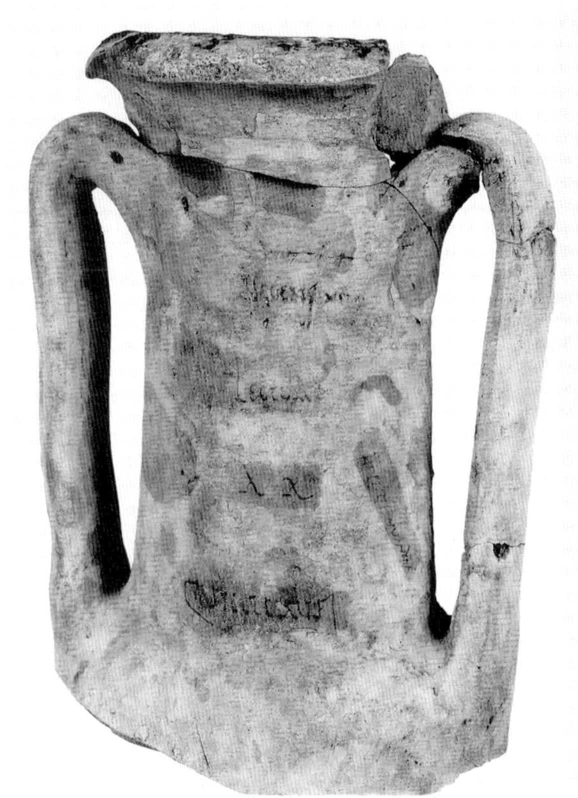

*Ein seltener Fund: Eine fast vollständig erhaltene Pinselinschrift auf dem Hals einer Amphore. Außer dem Empfänger können solche Inschriften auch den Inhalt des Gefäßes oder den Hersteller nennen.*

*Die für die beiden Händler bestimmten Holzfässer wurden über die Planke an Land gerollt, die Amphoren an Stangen befestigt und gleich zum Wagen getragen.*

# *Von Reitern, Soldaten und Kaufleuten*

*„Da sind Reiter zu sehen, die ihre Feinde niedergeritten haben!", rief Felix plötzlich und zog seinen Vater schon zum nächsten Grabstein, während Linus noch die Darstellung eines Soldaten und seines Pferdeknechtes bewunderte.*

## Wissenswertes

### Friedhöfe

Römische Friedhöfe waren keine abgegrenzten, von Mauern umgebenen Bezirke innerhalb der Städte, sondern erstreckten sich entlang der Hauptstraßen am Stadtrand. Die Lebenden hatten auf diese Weise immer den Tod vor Augen, und oft sprechen die Texte der Grabsteine die Vorübergehenden direkt an: „Wanderer, wenn du dies liest..."

### Kleidung

Toga nennt man das Obergewand, das ein römischer Bürger zum Ausgehen und für offizielle Anlässe anlegte. Die Tunika ist das von Männern kniekurz und von Frauen bodenlang getragene Tageskleid. Das sehr weit geschnittene Gewand wurde in Falten gelegt und in der Taille von einer Kordel gehalten.

### Grabsteine

Alle Grabsteine, die Linus und Felix an der Gräberstraße sehen, sind heute im Landesmuseum Mainz ausgestellt. Sie waren ursprünglich farbig bemalt. Dadurch ließen sich viele Details bei der Kleidung oder Bewaffnung sicher deutlicher erkennen als heute. Reste der Farben haben sich aber nur bei wenigen antiken Denkmälern erhalten.

### Inschriften

Mit feststehenden Formulierungen geben die Inschriften auf den Grabsteinen Auskunft über Familie, Herkunft, Alter und Beruf des Verstorbenen. Am Ende des Textes wird oft auch die Person genannt, die den Grabstein errichten ließ.
Die Inschriften sind meistens in den Grabstein eingemeißelt worden. Wenn die Oberfläche eines Steins glatt belassen wurde, war die Inschrift mit Farbe wohl nur aufgemalt und hat sich dann äußerst selten erhalten.

### Provinzangaben

Die römische Provinz Dalmatien entspricht etwa dem Gebiet des ehemaligen Staates Jugoslawien (heute: Kroatien, Serbien, Montenegro, Bosnien-Herzegowina), Noricum dem heutigen Österreich.

Wenn Linus seinen Vater manchmal bei einer Wagenfahrt begleitete, sah er am Stadtrand von Mogontiacum zu beiden Seiten der Hauptstraße viele Grabsteine. Gerne hätte er sie einmal genauer betrachtet, denn die farbig bemalten Steine sahen sehr unterschiedlich aus. Da gab es pfeilerähnliche Denkmäler, Grabmäler mit lebensgroßen Figuren oder Steine mit langen Texten. Aber sein Vater hatte es jedes Mal eilig, seine Geschäfte zu erledigen, und trieb den Maulesel an, sobald sie den Stadtrand erreicht hatten.

Heute nahm der Vater von Felix an einer Beerdigung teil und er hatte versprochen, sich mit den beiden Jungen nach der Feier die Grabsteine einmal in Ruhe anzusehen und ihnen Einzelheiten zu erklären. Zuerst aber beobachteten Linus und Felix von ferne die Zeremonie, in der der Tote verbrannt wurde.

Den in Tücher gehüllten Leichnam legten Diener auf einen großen Scheiterhaufen. Linus bewunderte die von der Familie des Verstorbenen mitgeführten Masken, die ganz unterschiedlich aussahen. Felix erklärte ihm, daß diese Wachsmasken die Gesichter der verstorbenen Vorfahren zeigten. Je älter und einflußreicher eine Familie sei, desto länger könnte sie ihre Ahnenreihe zurückverfolgen und desto mehr Masken würde sie in ihrem Haus aufbewahren. Daß seine eigene Familie nur fünf Masken vorzuweisen hatte und damit über keine allzu lange Ahnenreihe verfügte, verschwieg Felix dem Freund aber doch.

Nun traten die Priester mit verhülltem Haupt an den Holzstoß und sprachen verschiedene Gebete, die die Jungen nicht genau verstehen konnten. Anschließend legte die Familie Opfergaben auf dem Scheiterhaufen nieder. Dazu gehörten außer Gefäßen auch Gegenstände wie Holzkästchen, Glasbecher oder Schmuck und als Speisegaben Fleisch, Gemüse und Getränke. Diese Handlungen wirkten sehr feierlich, weil alle Teilnehmer ihre Häupter mit der Toga oder einem Mantel verhüllt hatten. Linus konnte zwischen den vielen Trauergästen den Vater seines Freundes mit der tief in die Stirn gezogenen Toga kaum erkennen. Felix flüsterte Linus zu, daß bei allen religiösen Handlungen die Teilnehmer ihr Haupt verhüllten, um den Göttern ihre Ehrerbietung zu bezeugen.

Als der Scheiterhaufen lichterloh brannte, erhoben die angemieteten Klagefrauen mit lautem Schreien wehklagend ihre Stimmen. Sie streuten sich als Zeichen der Trauer Erde auf ihre Köpfe und schlugen sich mit den Armen an die Brust, was einen dunklen, dumpfen Ton erzeugte. Für Linus klang das sehr fremdartig und zugleich bedrückend.

Schließlich löschten Diener die Flammen mit Wein, und die Trauergäste gingen allmählich auseinander.

Wenige Augenblicke später stand Felix' Vater vor den beiden Jungen. Die Toga hatte er von seinem Kopf zurückgeschoben. Sie lag wieder in breiten Falten um seine Schultern. „Kommt", sagte er, „jetzt können wir uns in aller Ruhe die verschiedenen Steine ansehen, die die Straße säumen. Zu den interessantesten Denkmälern werde ich Euch alles Wissenswerte berichten, denn manche der hier Bestatteten habe ich noch persönlich gekannt."

Linus stellte aber noch eine Frage zu der Trauerfeier: „Was passiert jetzt mit dem Scheiterhaufen? Werden alle Toten dort verbrannt?" „Ja, alle Verstorbenen werden an der gleichen Stelle des Friedhofs verbrannt. Nachdem das Feuer mit Wein gelöscht wurde, warten die Angehörigen, bis die Asche ausgekühlt ist. Dann bergen sie daraus die verbrannten Knochen des Toten und die Reste der Opfergaben. Glas und Metall sind in der Hitze immer vollständig verschmolzen, Schüsseln und Töpfe dagegen schwarz verbrannt und meist zersprungen. Die Knochen werden in einen Leinenbeutel, ein Holzkästchen oder eine Urne aus Glas gelegt und zusammen mit den übrigen Beigaben

*Stein an Stein: So sahen römische Gräberstraßen aus. Linus und Felix bewundern die Grabsteine der Reiter Silius Attonis, Andes und Romanius, des Legionärs Gnaeus Musius sowie des Kaufmanns Blussus und seiner Frau Menimane. Wie das bei dem Pfeilergrabmal bestat-*

*tete Ehepaar hieß, ist nicht überliefert. Nur der Grabstein des Silius Attonis zeigt die rekonstruierte Bemalung. – Alle Grabsteine sind heute in der Steinhalle des Landesmuseums Mainz ausgestellt.*

sowie einigen unverbrannten Gefäßen in einer Grabgrube beigesetzt. Als Wegzehrung für das Jenseits geben die Angehörigen dem Verstorbenen dann nochmals Speisen sowie ein oder zwei Öllämpchen mit. Später können sie an der Stelle einen Grabstein errichten, wie Ihr sie hier so zahlreich seht."

Der erste Stein, an dem der Vater von Felix stehenblieb, besaß eine rechteckige Form. Die Inschrift in der Mitte wurde von zwei Bildszenen gerahmt.

„Hier liegt Silius Attonis begraben", sagte er. „Nach der Inschrift ist er 45 Jahre alt geworden und hat 24 Jahre als Reiter in einer Reitereinheit gedient. Deswegen wird sein Pferd, das ein Reitknecht führt, auf dem unteren Bild dargestellt. Beachtet das reiche Zaumzeug und den Sattel mit seinen vorne und hinten hochgebogenen ‚Hörnchen'. An ihnen findet der Soldat beim Reiten Halt."

Die Vorstellung, ein eigenes Pferd zu besitzen und von einem Reitknecht begleitet zu werden, imponierte Linus mächtig, und im Geist sah er sich schon als stolzen Reiter in einer Reiterabteilung des römischen Heeres dienen. Der Vater von Felix schien die Gedanken von Linus zu erraten. „Zum Dienst in der Armee gehört aber auch das harte Training, Linus", meinte er, „und den täglichen Drill darfst Du Dir nicht zu einfach vorstellen! Vor allem mußt Du dann perfekt Latein sprechen, um Befehle zu verstehen und selber erteilen zu können. Aber das kannst Du natürlich lernen. Das obere Bild zeigt den Verstorbenen bei einem Mahl. Wir Männer liegen bei den Mahlzeiten..."

„Ich aber nicht, Vater!", warf Felix ein.

„Du bist ja auch noch ein Kind, und Kinder sitzen bei uns nun einmal am Katzentisch. Auch eine Dame wird nie liegend essen, sondern immer an einem Tisch sitzen."

„Ich stelle mir das schrecklich unbequem vor", meinte Linus. „Sich mit dem Ellenbogen aufzustützen und dabei gleichzeitig zu essen, kann doch nicht einfach sein."

„Daran gewöhnt man sich. Außerdem seht Ihr ja sogar auf dem Grabstein die dicken Polster und Kissen des Liegebettes, die an den Ecken durch verzierte Beschläge am Verrutschen gehindert werden. So wird das Liegen nicht zu anstrengend. Auf dem Beistelltischchen stehen die Trink- und Mischgefäße, um Getränke anzurichten. Den Wein muß man nämlich mit Honig und Gewürzen süßen und mit Wasser verdünnen, weil er sonst ziemlich sauer schmeckt. Außerdem trinken nur Barbaren, also rohe und ungebildete Menschen, den Wein unverdünnt. Sie leben eben nicht im römischen Reich und kennen deshalb auch keine Kultur. Der Diener von Silius steht schon bereit, um eine wohlschmeckende Mischung zuzubereiten."

„Da sind Reiter zu sehen, die ihre Feinde niedergeritten haben", rief Felix plötzlich und zog seinen Vater und seinen Freund zu zwei nebeneinanderstehenden Steinen, die Reiter zeigten. Beide sprengten über einen am Boden liegenden Feind hinweg, der sich vergeblich zu schützen versuchte. Den Inschriften konnte der Vater von Felix entnehmen, daß der eine der hier bestatteten Soldaten Andes hieß und aus der fernen Provinz Dalmatien kam, während Romanius aus Noricum stammte.

„Hier seht Ihr noch einmal das Sattelzeug und die ‚Hörnchen' des Sattels, an denen sich die Soldaten beim Reiten abstützen. Einen anderen Halt haben sie nicht, wie ich Euch eben schon sagte. Beide Reiter tragen Hosen, was ein Römer weder als Soldat noch als Zivilist tun würde. Hosen sind bei uns nur etwas für Frauen, obwohl sie zum Reiten ja ganz praktisch sein mögen. Andes ist mit Helm, Panzer und seinem reich verzierten Schwert voll gerüstet. Außerdem schwingt er seine Lanze, während der von dem Pferd halb verdeckte Diener Ersatzwaffen bereithält."

Linus interessierte noch das Instrument, das auf dem Grabstein des Andes neben der Inschrift zu sehen war, und er fragte den Vater seines Freundes danach.

„Mit solchen Trompeten werden bei der Armee Signale gegeben: ‚Vorrücken!', ‚Halt!', ‚Einschwenken!' oder ‚Sturmangriff!' beispielsweise. Vielleicht diente Andes in seiner Einheit als Trompeter, obwohl das in der Inschrift nicht erwähnt wird."

Die Tracht eines römischen Legionärs konnten sich Linus und Felix auf dem Grabstein des Gnaeus Musius ansehen. Er war der Adlerträger der 14. Legion gewesen und hielt deswegen die Standarte mit dem Adler in seiner Rechten. Felix' Vater wußte, daß diese Legion bereits vor langer Zeit aus Mogontiacum abgezogen worden war, als Kaiser Claudius die ferne Provinz Britannien erobern wollte.

Über der kurzen Tunika aus Wollstoff trug der Soldat einen aus Metall gefertigten Panzer. „Seine Innenseite ist vollständig mit Leder gefüttert, um das Tragen angenehmer zu machen", setzte der Vater noch hinzu.

„Warum hat Musius denn nur einen Schild und kein Schwert?", fragte Felix plötzlich. „Ich dachte immer, zu einem richtigen Legionssoldaten gehört auch ein Schwert!"

Sein Vater lächelte. „Schau doch einmal genau hin", forderte er seinen Sohn auf. „Dann kannst Du sehen, daß Musius seinen Soldatengürtel trägt, an dem das Schwert hängt. Von ihm ist aber nur der Schwertknauf dargestellt. Umso sorgfältiger hat der Steinmetz den Soldatengürtel ausgearbeitet. Er wird aus Leder gefertigt und mit kleinen Bronzeplättchen verziert, die Ihr genau erkennen könnt."

Auf einmal lachte Linus hell auf. „Bei uns tragen aber nur Frauen Armreifen", rief er. „Ich wußte gar nicht, daß sich bei der römischen Legion auch die Soldaten schmücken!"

„Da irrst Du Dich aber gewaltig, mein Junge! Die Armreifen sind Ehrenzeichen, die ein Soldat für besondere Tapferkeit erhält. Auch die runden Scheiben, die wir Plaketten nennen, und die beiden Reifen, die Torques heißen, hat sich der Soldat als tapferer Kämpfer verdient. Sie werden an einem Ledergurt über dem Panzer befestigt. Schaut Euch aber auch die typischen Sandalen an, die zur Soldatentracht gehören. Sie sind offen und werden von vielen Riemen gehalten, und an das Tragen muß man sich erst gewöhnen."

Linus und Felix schauderten bei dem Gedanken, in solchen Sandalen auf steinigen Straßen oder in unwegsamem Gelände, bei Regen oder sogar bei Schnee lange Märsche zurücklegen zu müssen. Aber beiden gefiel gerade dieser Grabstein mit seinen reich verzierten Säulen und der abschließenden Zierleiste aus Blättern besonders gut.

Viele der Steine, an denen sie auf ihrem weiteren Weg vorbeikamen, konnten Linus und Felix nun schon selbst erklären, weil sich die Darstellungen regelmäßig wiederholten. Wenig Interesse schenkten sie dagegen den Denkmälern, auf denen nur Inschriften zu lesen waren, zumal Felix' Vater ihnen erklärte, daß die einzelnen Worte oft abgekürzt wären und man den Text deshalb erst ergänzen müßte. Das erschien Linus und Felix ziemlich anstrengend.

Am Stadtrand fielen ihnen zwei Grabdenkmäler auf, die noch einmal ihr besonderes Interesse erweckten. Eines davon war als quadratischer Pfeiler ausgebildet. Besonders prachtvoll war der obere Teil als Ziegeldach gestaltet, der sich über einem kleinen Giebel mit Eckspiralen als zusätzlichem Schmuck erhob. Eine fremdartige Figur – halb Tier, halb Mensch – bekrönte den Pfeiler. Felix' Vater sagte, daß sie die Ruhe der Toten bewachen sollte. Das Grabmal gehörte offensichtlich einem Ehepaar, das auf dem Stein dargestellt war. Weil die Farben aber schon stark abblätterten, erschien es ziemlich verwaschen.

„Wo steht denn hier die Inschrift?", fragte Linus erstaunt, weil er keinen Text sah. „Ist denen das Geld ausgegangen, oder konnten die nicht schreiben?"

„Keines von beiden! Inschriften sind teilweise in den Stein gemeißelt worden. Dann hat man die Buchstaben später ausgemalt, damit sie leichter zu lesen waren. Man konnte den Text aber auch gleich auf den Stein aufmalen, das ging sicher etwas schneller. Ihr seht selbst, daß die Farbe des Denkmals bereits stark abgewaschen ist. Vermutlich leben von dieser Familie keine Nachkommen mehr, die den Stein pflegen könnten. Deswegen hat niemand die Inschrift ergänzt. Daß es sich hier um einen sehr alten Stein handelt, könnt Ihr an der Tracht des Ehepaares und dem Schmuck der Frau erkennen. Sie trägt zwar schon eine römische Tunika und einen Mantel, ihr Schmuck ist aber sehr altmodisch. Er besteht aus einem Halsreif mit einer großen Schmuckscheibe sowie zahlreichen Armreifen und vielen Ringen und zeigt ebenso wie die Frisur, daß die Frau eine Keltin ist. Der Mann trägt über einem Untergewand den Kapuzenmantel, den wir Römer von Euch Einheimischen übernommen haben, weil er im hiesigen Klima mit seiner Kapuze bestens gegen Wind und Wetter schützt. In Rom wäre er dagegen zu warm. Auch seine hohen, geschlossenen Stiefel passen gut zum Wetter in Mogontiacum. Ich denke daher, daß das Grabmal vor mindestens 50 Jahren gearbeitet worden ist." Das schien Linus und Felix allerdings eine unvorstellbar lange Zeit.

„Mehr kann ich Euch aber zu dem Stein erzählen, der direkt daneben steht", fuhr Felix' Vater fort. „Ihr seht, daß hier die Farben noch frisch erscheinen, weil sie ständig nachgemalt werden. Das ist auch kein Wunder, denn die Familie des Blussus besteht ja heute noch und Primus, den hier in der Inschrift genannten Sohn, habe ich als alten Mann noch kennengelernt. Heute führt bereits dessen Sohn, also der Enkel des Blussus, das Geschäft mit Lastkähnen, das immer noch floriert. Auch dieser Stein ist sehr alt. Blussus und Menimane – so hieß seine Frau – sind nämlich noch in der typisch keltischen Tracht dargestellt. Er hat einen Kapuzenmantel umgelegt. Seine Frau trägt über einem hemdartigen Untergewand mit langen, schmalen Ärmeln ein weit geschnittenes Kleid und einen Mantel. Solche Kleider haben die Frauen in Rom nie gekannt. Bei diesem Stein ist sogar die Rückseite bearbeitet worden. Ihr seht einen Lastkahn mit hochgezogenem Bug. Von der Schiffsbesatzung werden nur vier Männer gezeigt, obwohl es in Wirklichkeit mehr sind. Sogar die Steuerruder des Schiffes lassen sich genau erkennen. Solche Schiffe können große Lasten transportieren. Während sie flußabwärts mit der Strömung sehr schnell fahren, ziehen Menschen oder Tiere sie vom Ufer aus flußaufwärts gegen die Strömung."

Vom langen Stehen und Zuhören war Linus recht müde, als er sich am Stadttor von Felix und seinem Vater verabschiedete. Bevor er rasch nach Hause lief, vergaß er aber nicht, sich bei Felix' Vater für den Gang über den Friedhof zu bedanken. Und in der Nacht träumte er doch von einem Reitpferd und einem Pferdeknecht, die ihm als Soldat in einer römischen Reitereinheit gehörten.

# *Auf dem Markt*

*Das lebhafte Treiben auf dem Markt beobachtete Linus gerne, wenn er seine Mutter beim Einkaufen begleitete.*

## Wissenswertes

### Ausländer

In Mogontiacum haben Menschen aus vielen verschiedenen Ländern gelebt, die sich durch ihre Tracht und Sprache sowie ihre Sitten und Gebräuche deutlich voneinander unterschieden. Manche von ihnen trieben mit Erzeugnissen ihres Vaterlandes Handel.

### Gewürze

Pfeffer, ein sehr teures Gewürz, ist erst durch die Römer nach Germanien gekommen. Er wurde vom Vorderen Orient aus bis in die entferntesten Provinzen des Römischen Reiches verhandelt.

### Einkaufshilfe

Ein Krug mit einer nach dem Brand eingeritzten Gewichtsangabe befindet sich im Museum Wiesbaden.

### Bithynien

Die Namen des bithynischen Händlers Tiberius Iulianus und seines Freigelassenen Chrysogonos sind auf einem Grabstein überliefert. Die römische Provinz Bithynien umfaßte das Gebiet der heutigen Nordtürkei. In der Antike wurden dort qualitätvolle Stoffe hergestellt und ebenso exportiert wie verschiedene Weinsorten, Thunfisch- und Wachsprodukte. Leider wird auf dem Grabstein nicht gesagt, welche Waren davon Iulianus verkaufte.

„Heute kannst Du Felix erst am Nachmittag treffen, Linus“, sagte die Mutter eines Tages. „Ich habe auf dem Markt einzukaufen. Du mußt mich begleiten und mir helfen, alles nach Hause zu tragen. Besonders der mit Öl gefüllte Krug ist schwer.“

Linus ging gerne auf den Markt. An den vielen Ständen gab es die unterschiedlichsten Waren zu kaufen. Neben Bauern, die aus der Umgebung kamen, sah man dort auch Händler aus fernen Ländern. Vor allem aber besuchten alle Bewohner von Mogontiacum den Markt. Sklaven und Diener kauften für die vornehmen Haushalte ein und waren hier ebenso anzutreffen wie Römer oder Soldaten, die sich an ihren Soldatengürteln mit dem Dolch und den typischen Soldatenstiefeln erkennen ließen. Fremde aus dem vorderen Orient fielen dagegen durch ihre andersartige Kleidung und ihre unverständliche Sprache leicht auf.

Bevor sie losgingen, füllte die Mutter ihren Börsenarmring noch mit größeren und kleinen Münzen. Dann schob sie ihn so auf den Arm, daß er die Öffnung bedeckte und der Reif zugleich fest saß.

Der Markt selbst lag im Zentrum der Stadt nicht allzu weit vom Heiligtum der Fremden Götter entfernt. Auf der einen Seite war ein Ehrenbogen errichtet, und an die andere Seite grenzte der wichtigste Tempel von Mogontiacum, in dem der höchste römische Gott Iupiter verehrt wurde. Alle Statthalter hatten in seiner Nähe Dank- und Weiheinschriften errichten lassen.

Gleich hinter dem Ehrenbogen stand der Tisch der Marktaufseher. Sie kontrollierten Maße und Gewichte der Kaufleute. Wenn ein Kunde glaubte, betrogen worden zu sein, konnte er seinen Kauf von ihnen überprüfen lassen.

Zahlreiche Händler hatten ihre Waren schon ausgebreitet, als die Mutter und Linus auf den Markt kamen, und das Gedränge der vielen Menschen war groß.

„Zuerst besorgen wir Pfeffer“, sagte die Mutter. „Dann müssen wir den Händler Tiberius Iulianus aufsuchen, der gute Stoffe führt. Das Öl holen wir zuletzt, damit wir den schweren Krug nicht so lange zu tragen haben.“

An mehreren Ständen wurde der sehr teure Pfeffer angeboten. Der Händler, bei dem die Mutter ihn schließlich kaufte, wog die gewünschte Menge auf einer Schnellwaage ab. Das Abwiegen faszinierte Linus immer wieder. An einem Ende des Waagbalkens hing ein kleines Schälchen, auf das der Pfeffer gehäuft wurde. Um den Preis auszurechnen, schob der Händler anschließend das als Merkurkopf ausgebildete Gewicht so lange an dem Balken hin und her, bis dieser waagrecht stand und auf der eingeritzten Gewichtsskala die Menge abgelesen werden konnte.

Während die Mutter bezahlte, wurde Linus' Aufmerksamkeit von einem prachtvoll gekleideten Mann gefangengenommen. Er trug eine weite, reich bestickte Hose aus einem weichfallenden Stoff, der an den Knöcheln zusammengerafft war. Ein ebenfalls reich besticktes, hemdartiges Obergewand wurde in der Taille von einem bunten Gürtel zusammengehalten. Die Füße steckten in hochgeschlossenen Schuhen aus weichem Leder.

„Der kommt sicher aus der Provinz Syrien“, sagte Linus zu seiner Mutter. „Dort sollen alle Leute so herumlaufen. Findest Du den Anzug nicht auch toll?“

„Ich finde ihn ein bißchen übertrieben, wenn Du mich ehrlich fragst. Aber nun komm bitte, wir haben noch viel zu erledigen.“

Der nächste Stand, den die Mutter aufsuchte, gehörte dem Händler Tiberius Iulianus, der Waren aus der Provinz Bithynien verkaufte. Sein breit gefächertes Angebot umfaßte verschiedene Weinsorten, Thunfische sowie Wachsprodukte und qualitätvolle Stoffe. Heute war der Kaufmann selbst allerdings nicht anwesend, sondern sein ehemaliger Sklave

Chrysogonos, mit dem er seit der Freilassung zusammenarbeitete, bediente die Kunden. Wenn Akzent und Aussprache ihn nicht als Griechen verraten hätten, wäre Chrysogonos von seiner Tracht her nicht mehr von den Einheimischen zu unterscheiden gewesen, denn er trug ebenfalls unter dem Kapuzenmantel eine Tunika. Linus' Mutter wurde von ihm als gute Kundin höflich begrüßt.

Solange die Mutter mit dem Kaufmann verhandelte, konnte Linus in aller Ruhe andere Marktbesucher betrachten, die vorübergingen. Daß ein junger Mann als Soldat diente, sah Linus sofort. An seinem Ledergürtel hing ein kleiner Dolch, dessen Futteral kunstvoll mit Silbereinlagen verziert war. Die Nägel seiner offenen Sandalen klapperten bei jedem Schritt auf dem groben Straßenpflaster. Eine vornehme Römerin hatte über einer hellen Tunika einen buntgemusterten Umhang elegant um Kopf und Schultern drapiert. Ihre Dienerin in einem einfachen, hellen Gewand mit langen Ärmeln und ein Sklave in einer kurzen Tunika begleiteten sie und trugen die Einkäufe. Ganz anders war eine ältere Frau gekleidet, die alleine über den Markt ging. Der capeartige Überwurf aus dunklem Stoff zeigte ein beigebraunes Karomuster. Vielleicht hatte sie ihn selbst gewebt, denn das Material wirkte sehr grob und strapazierfähig.

Zuletzt kaufte die Mutter das Öl. Als Linus dem Händler den Krug reichte, den er die ganze Zeit tragen mußte, fiel ihm eine Einritzung auf. „Die habe ich noch nie bemerkt!", sagte er zu seiner Mutter.

*Kleider machen Leute – das wußte man schon in römischer Zeit. Der Einheimische ganz links trägt den typisch keltischen Kapuzenmantel, seine Frau neben ihm über einem hemdartigen Untergewand mit langen, schmalen Ärmeln ein weit geschnittenes Kleid. Bei ihr fällt besonders der große Schmuck auf. Die Römerin in der Mitte hat sich in eine lange, farbige Tunika gehüllt und einen farblich kontrastierenden Mantel elegant darüber gelegt. Der Mann neben ihr zeigt mit der Tunika und der faltenreichen Toga das Gewand eines freien römischen Bürgers. Der Soldat ganz rechts ist mit einer kurzen Tunika bekleidet und trägt die typischen Soldatenstiefel. Von dem auf der rechten Seite am Militärgürtel getragenen Schwert kann man nur den Knauf sehen, während sich das reich verzierte Dolchfutteral an seiner linken Seite erkennen läßt.*

„Wirklich nicht? Mit dieser Marke wird das Gewicht des Topfes angegeben, das der Händler beim Füllen des Gefäßes zu der von mir verlangten Ölmenge hinzurechnen muß."

Als sie den Markt verlassen wollten, entdeckte Linus noch einen Stand mit Datteln.

„Können wir nicht noch ein paar Datteln mitnehmen, Mutter? Die schmecken mir doch so besonders gut!", bettelte er.

„Nun gut, weil Du den schweren Krug trägst, sollst Du als Belohnung auch ein paar Datteln bekommen. Aber mehr Geld können wir dann nicht ausgeben!"

*Ein Schmuckstück als Geldbeutel: Frauen bewahrten Geld in der beutelartigen Auswölbung des Armreifs wie in einer verschließbaren Büchse auf und trugen ihn zugleich als Schmuck. Bei dem hier abgebildeten ‚Börsenarmreif' ist der Bügel nicht erhalten geblieben. In den Ländern des Mittelmeerraumes benutzt man die Laufwaage noch heute auf den Märkten und in den Basaren.*

*Eine vornehme Römerin hatte über einer hellen Tunika einen buntgemusterten Umhang elegant um Kopf und Schultern drapiert. Ihre Dienerin in einem einfachen, hellen Gewand und ein Sklave in einer kurzen Tunika begleiteten sie.*

# *Zu Besuch bei Felix*

*Linus gefiel es unheimlich gut, bei dem Vater seines Freundes wie ein erwachsener Mann bedient zu werden, aber er mußte beim Trinken mächtig aufpassen, um nichts zu verschütten.*

## Wissenswertes

### Stadtvillen

Römische Stadtvillen waren palastartige Häuser mit hohem Komfort. Die einzelnen Räume gruppierten sich um einen großen, offenen Innenhof. Besonders vornehme Familien ließen sich in ihren Häusern sogar eigene Bäder einbauen.

### Eßzimmer

Der Speiseraum hieß bei den Römern Triclinium. Er hat seinen Namen von den drei hier aufgestellten Speisebetten. Auf jedem Bett nahmen drei Männer Platz. Die Teilnehmerzahl eines Essens war also begrenzt. Wenn mehr Gäste erwartet wurden, mußte in weiteren Räumen serviert werden.

### Kinderspielzeug

Puppen wurden bei den Römern aus Holz oder Knochen in fraulicher Gestalt hergestellt. Ihre manchmal aus älteren, schon benutzten Stoffresten genähte Kleidung entsprach der damaligen Mode.
Jungen spielten gerne mit dem trojanischen Pferd.

### Tunika und Toga

Die Tunika mit eingewebten roten Streifen und die darüber getragene Toga mit einem breiten Purpursaum sind das typische Gewand des römischen Bürgers. Die Toga wurde nur umgelegt, was bei ihrer Länge etwas Geschick erforderte.

Weil es schon seit einigen Tagen regnete und die Kinder nicht draußen spielen konnten, beschloß Linus, heute seinen Freund Felix zu besuchen. Das tat er gerne, weil das Haus, in dem die Familie von Felix wohnte, großzügig und elegant eingerichtet war und es dort sehr vornehm zuging.

Gleich nach dem Mittagessen lief Linus los. Er überquerte den Marktplatz, passierte einige Straßen, in denen die Häuser aus Stein immer größer und schöner wurden, und blieb schließlich vor einer Villa stehen, an deren Eingang ein Diener mit abweisender Miene wachte und Fremden den Eintritt verwehrte. Als er Linus sah, lächelte er aber freundlich, denn er kannte den Freund von Felix schon von früheren Besuchen her.

Das Elternhaus von Felix zeigte eine gediegene Pracht. Hinter dem Eingang lag ein großer, offener Innenhof, den man von der Straße aus nicht sehen konnte. Er war als hübscher kleiner Garten gestaltet. Hier wurden weder Gemüse noch Kräuter gezogen wie in dem kleinen Gärtchen hinter Linus' Elternhaus, sondern Zierpflanzen. Niedrig gehaltene Buxbaumhecken faßten die mit bunten Blumen bepflanzten Beete ein. In der Mitte stand ein Springbrunnen. Leise plätschernd ergoß sich das Wasser aus einem Wasserspeier, der wie ein Delphin aussah, in die große, steinerne Brunnenschale.

Den Hof umgaben auf allen vier Seiten Zimmer, die nur mit wenigen Möbeln ausgestattet waren. Dazu gehörten Tische und Stühle sowie reich verzierte Holztruhen zum Aufbewahren von Hausrat und Kleidung. Die Küche war nicht zu sehen. Anders als im Elternhaus von Linus, wo der Herd den Mittelpunkt bildete, lag sie hier an der entferntesten Ecke der Villa, so daß weder der Rauch vom Herdfeuer noch die Gerüche vom Kochen die Bewohner belästigten.

Im Hof spielten die kleinen Schwestern von Felix mit Puppen. Puppen interessierten Linus zwar gar nicht, aber er mußte an die Puppe denken, die seine Mutter aus grobem Stoff für die Tochter einer Nachbarin genäht hatte und die ein bißchen unförmig aussah. Diese Puppen hatten aus Holz oder Bein geschnitzte Körper, an denen bewegliche Arme und Beine angebracht waren. Als Kleidung besaßen sie verschiedene Mäntel und Tuniken, die der neuesten Mode der Erwachsenen entsprachen.

Felix freute sich, daß Linus ihn besuchen kam. „Womit sollen wir spielen?", fragte er. Ratlos sah er sich in seinem Zimmer um. Aber Linus wußte die Antwort schon. „Laß uns mit Deinem trojanischen Pferd spielen!", rief er, denn um dieses Spielzeug beneidete er seinen Freund glühend.

Das trojanische Pferd war eine große, aus Holz gefertigte Pferdefigur. Wenn man den Körper des Tieres öffnete, konnte man viele bewaffnete Soldaten herausnehmen. Weitere Soldaten, die sich durch ihre Kleidung und Schilde von der ersten Gruppe unterschieden, vervollständigten das Spiel.

Die Geschichte des trojanischen Pferdes hatte Felix seinem Freund schon früher erzählt. Mit Hilfe des Pferdes war es den Griechen nämlich vor langer, langer Zeit gelungen, Troja zu erobern. Nachdem sie die Stadt mehrere Jahre vergeblich belagert hatten, zogen sich die Griechen scheinbar zurück, ließen am Strand vor der Stadt aber ein großes, hölzernes Pferd stehen. In seinem Bauch hatten sich einige griechische Krieger versteckt. Die Trojaner glaubten, daß die Griechen endgültig abgezogen wären und holten in ihrer Freude darüber das Pferd in die Stadt. Nachts kletterten die Griechen aus dem Pferd, öffneten für ihre Landsleute die Stadttore und überfielen die ahnungslos schlafenden Trojaner.

Linus und Felix wurden nicht müde, diesen spannenden Kampf nachzuspielen, wozu sie zunächst aus kleinen Klötzchen die Stadtmauer von Troja bauten. Dann ging es darum, die Gegner zu besiegen. Das konnte natürlich nur mit viel Geschrei geschehen, bis Felix' Mutter schließlich in das Zimmer schaute. „Ich dachte schon, hier sei wirklich der trojanische Krieg ausgebrochen – Ihr wart ja bis in den Hof hinein zu hören!", sagte sie leicht vorwurfsvoll.

„Komm, Linus, laß uns jetzt noch das Nüssespiel spielen", schlug Felix vor. Bei diesem Spiel mußte man Nüsse aus einer möglichst großen Entfernung in die schmale Mündung einer schräg auf dem Boden stehenden Flasche werfen. Davon war Linus nicht so begeistert, weil Felix das wesentlich geschickter machte als er selbst. Schließlich wurde aus dem Spiel eine kleine Rauferei, bis Linus, der schnellere Läufer, plötzlich rief: „Fang mich doch!" – und um den Innenhof jagte.

Dabei kam er auch an einem Zimmer vorbei, dessen Türen normalerweise geschlossen waren. Heute standen sie weit offen, weil einige Diener den Raum gerade verlassen hatten.

Neugierig schaute Linus hinein, ohne daran zu denken, daß Felix ihn jetzt fangen konnte. Der Raum war an drei Seiten mit Betten möbliert. „Das sind ja genau die Speisebetten, die wir neulich auf dem Grabstein gesehen haben!", sagte Linus und bestaunte die Pracht der buntgewebten Kissen und Decken, die auf dicken, weichen Matratzen lagen. Die Betten waren mit bronzefarbenen Beschlägen versehen, die Pferdeköpfe und menschliche Gesichter zeigten und verhinderten, daß die Matratzen verrutschen konnten.

„Stimmt!", antwortete Felix. „Mein Vater erwartet heute abend einige Gäste, und das Essen wird jetzt vorbereitet. Wollen wir die Liegen nicht einmal ausprobieren? Im Augenblick sieht uns ja niemand."

*Die Barbie der Antike: Puppen mit beweglichen Gliedern begeisterten schon in römischer Zeit die Mädchen. Neben den Figuren von Erwachsenen gab es aber auch Puppen mit kindlicher Gestalt.*

Der Vorschlag verlockte Linus. Jeder der beiden nahm auf einem Bett Platz und legte sich, auf den Ellenbogen gestützt, so auf die Seite, wie sie es neulich auf dem Grabstein an der Gräberstraße gesehen hatten.

In diesem Augenblick kam Felix' Vater durch den Innenhof zum Speiseraum, um sich davon zu überzeugen, daß alle seine Anweisungen ausgeführt worden waren.

„Sieh mal einer an, da habe ich ja schon Besuch!", rief er lachend. „Aber umsonst sollt Ihr den Speiseraum nicht betreten haben. Ich lasse Euch jetzt Getränke bringen, als ob Ihr schon zu meiner Gesellschaft gehören würdet."

Er rief einen Diener herbei und trug ihm auf, sofort kühle Limonade, Obst und etwas Gebäck herbeizuholen. Die Speisen wurden auf kleinen Tischchen serviert, die vor den Speisebetten standen. Der Diener mischte die Limonade so mit Wasser, wie er es vom Wein gewohnt war, füllte sie in Becher aus roter, glänzender Keramik und reichte sie den Jungen. Linus gefiel es zwar unheimlich gut, wie ein erwachsener Mann bedient zu werden, aber er mußte beim Trinken mächtig aufpassen, um nichts zu verschütten. Außerdem fand er es ziemlich anstrengend, im Liegen ständig einen Becher in der Hand zu halten, den er nicht absetzen konnte, weil der Tisch zu weit entfernt stand.

Felix' Vater trug die gleiche Tunika wie die beiden Jungen aus hellem, fein gewebten Leinen, die aber zwei breite, rote Streifen schmückten. Er hatte sie in der Taille mit einer Kordel gegürtet. Plötzlich fragte Felix: „Vater, legst Du nachher Deine Toga an?"

„Natürlich! Es gehört sich, daß ich meine Gäste in der Toga empfange, obwohl wir sie kurze Zeit später wieder ablegen werden, wenn wir auf den Speisebetten Platz nehmen."

„Oh, dürfen Linus und ich Dir beim Anlegen der Toga zusehen? Das finde ich immer so beeindruckend", bettelte Felix. Als sein Vater mit der Zustimmung zögerte, setzte er noch ein schmeichelndes „Ach bitte!" dazu.

„Von mir aus", stimmte der Vater schließlich zu, „aber nur, wenn Ihr meine Diener nicht stört."

Linus war froh, als der Vater seines Freundes endlich aufstand und er sich aus seiner unbequemen Lage aufrichten konnte, denn sein linker Arm war fast eingeschlafen. Ganz gesittet begleiteten die beiden Jungen den Vater in sein Schlafzimmer, wo er bereits von zwei Dienern erwartet wurde. Auch die Toga lag schon bereit. Zusammengefaltet sah sie aus wie ein großes Stück Stoff. Wie staunte Linus aber, als die beiden Diener die Toga auseinanderschlugen! Die ungefähr vier Meter lange Stoffbahn besaß oben einen geraden, unten dagegen einen leicht gerundeten Abschluß, den eine breite, dunkelrote Borte säumte. Während sich einer der Diener die Toga über den Arm legte, zupfte der andere noch einmal sorgfältig die Tunika von Felix' Vater zurecht. Dann nahm er ein Ende der Toga, drückte es dem Vater in die linke Hand, die er in diesem Augenblick senkrecht am Körper hielt, und führte den Stoff straff bis zur linken Schulter. Nach und nach zog er die restliche Stoffbahn, die der andere Diener immer noch auf dem Arm hielt, zu sich herüber und drapierte sie rasch in kunstvolle Falten, die er von der linken Schulter zur rechten Hüfte von Felix' Vater legte. Der breite Purpurstreifen am Saum kam dadurch erst richtig zur Geltung. Nun wurde der Reststoff in vielen Falten über die linke Schulter geworfen, um von hier aus locker über den Rücken bis zu den Füßen hinabzufallen. Die Stoffbreite bedeckte dabei den linken Arm vollständig, den der Vater von Felix inzwischen angewinkelt hatte.

Linus blieb vor Staunen der Mund offen stehen, denn die Diener arbeiteten sehr schnell und geschickt. „Das würde ich so nie hinkriegen!", meinte er.

„Auch hier macht Übung den Meister", sagte Felix' Vater, der inzwischen die Toga nicht mehr festzuhalten brauchte, sondern die Stofffülle locker über dem linken Arm trug. „Allerdings darf mir niemand auf den Saum treten, denn dann würde das ganze Gewand rutschen. Da muß man im Gedränge auf dem Forum manchmal sehr aufpassen. In Rom hat ein Senator sogar einen Prozeß gegen einen Kollegen geführt, der auf seine Toga getreten war. Aber hier im Haus kann mir das nicht passieren. So, nun müßt Ihr mich aber verlassen, denn die ersten Gäste können jeden Moment eintreffen."

Inzwischen war es schon dämmrig geworden, und Linus mußte sich beeilen, nach Hause zu kommen. Als er um die Straßenecke bog, sah er gerade noch, wie der erste Gast, der in seiner Toga sehr vornehm wirkte, von dem Diener in das Haus gelassen wurde.

*Ins Zentrum gerückt: Brunnen bildeten den Mittelpunkt im Atrium eines römischen Hauses und waren oft sehr phantasievoll gestaltet.*

# *Bei Linus wird es vornehm*

*Linus warf einen Blick auf die Schale. „Da kämpft ja ein Krieger gegen einen Stier! Die finde ich toll!“*

## Wissenswertes

### Terra Sigillata

Das rote Geschirr wird heute Terra Sigillata genannt. Ob es in römischer Zeit einen besonderen Namen hatte, wissen wir nicht. Die Produktionszentren lagen erst in Südfrankreich (La Graufesenque, Banassac), später in Deutschland (Rheinzabern), um die Transportwege zu verkürzen.

### Töpfer

Die Töpfer GERMANVS und MASCVLVS arbeiteten im späten 1. und frühen 2. Jhd. n. Chr. vor allem in den Werkstätten von La Graufesenque bei Millau, wo sich ihre Ware massenweise finden ließ. Die Formen der Terra Sigillata haben sich im Laufe der Zeit verändert. So konnten Becher oder Schalen wirklich „aus der Mode kommen" und nicht mehr hergestellt werden.

### Flickungen

Mit Bleiband reparierte Schalen kommen häufiger vor und zeigen, daß die Keramik teuer war und entsprechend geschätzt wurde. Ausgebesserte Schalen fanden oft als Grabbeigaben Verwendung.
Salve = Sei gegrüßt!

### Keramikhändler

Durch einen Grabstein ist bekannt, daß Secundus Agricola in Aquae Mattiacorum = Wiesbaden gelebt und als Keramikhändler ausschließlich Terra Sigillata verkauft hat. – Nach einer Bauinschrift gab es in der Stadt auch ein Versammlungshaus der Keramikhändler, von dem weder das Aussehen noch der Standort bekannt sind.

### Heil- und Kurbad

Aquae Mattiacorum wurde bereits von den Römern wegen der heißen Quellen als Heil- und Kurbad geschätzt. Auch die in Mogontiacum stationierten Soldaten suchten die Bäder gerne auf. Die Besonderheit des Bades in Wiesbaden sind die als Therapiebecken gedeuteten kleinen Einzelwannen.

### Sonnenuhr

Die Sonnenuhr fand sich in Aquae Mattiacorum in der Nähe des Thermengebäudes und zeigte vermutlich die Öffnungszeiten des Bades an.

### Sinterkugeln

Die Kugeln bestanden aus Sinter, den mineralischen Ablagerungen der heißen Quellen. Der römische Schriftsteller Plinius überliefert, daß die Römer glaubten, damit Haare färben zu können.

Heute planten die Eltern von Linus eine Fahrt nach Aquae Mattiacorum. Dafür gab es auch einen besonderen Grund: Die Mutter wollte Teller und Schalen von der glänzend roten, mit Figuren verzierten Keramik kaufen, die erst die Römer eingeführt hatten. Dieses Geschirr gefiel ihr so gut, weil man es wegen seiner glatten Oberfläche leicht reinigen konnte. Die sehr hart gebrannten Gefäße ließen außerdem durch ihren speziellen Überzug keine Flüssigkeit mehr austreten. Anfangs war diese Keramik unerschwinglich teuer gewesen, und Händler boten sie nur vereinzelt zum Kauf an. Mittlerweile gab es aber Firmen, die ausschließlich solche Ware führten. Obwohl sie gegenüber der einfachen Keramik immer noch viel kostete, wollten sich die Eltern dieses Geschirr leisten, weil der Vater in den letzten Monaten gut verdient hatte. Im benachbarten Aquae Mattiacorum war ihnen ein Keramikhändler empfohlen worden, der eine besonders große Auswahl bot. Natürlich begleitete Linus seine Eltern bei dieser Fahrt.

Am jenseitigen Ufer des Rhenus bog der Vater nach links ab. Der Weg führte eine zeitlang direkt am Ufer des Flusses entlang, bis Aquae Mattiacorum am Horizont auftauchte. Der Laden des Keramikhändlers Agricola war in der ganzen Stadt bekannt, so daß sie den Weg von einem Passanten sofort beschrieben bekamen.

Wie staunte Linus, als er mit seinen Eltern diesen Keramikladen betrat! Auf allen Regalen standen die leuchtend roten Gefäße. Aber nirgends war ein Geselle zu sehen, der die Töpfe formte, und es gab auch keine Brennöfen. „Da wunderst Du Dich, nicht wahr?“, fragte der Vater. „Diese Keramik wird hier nicht hergestellt. Agricola muß jedes Mal erst nach Gallien reisen, um sie dort zu holen.“

„Genauso ist es“, bestätigte der Händler. „An bestimmten Orten wird das Tonmaterial für diese Ware gefunden. Dort arbeiten inzwischen viele verschiedene Fabriken. Die Produktion ist groß, weil die Töpfe in Modelformen sehr rasch hergestellt werden können. Manchmal geben ältere Besitzer ihre Firmen auf, und neue Betriebe entstehen. Aber ich weiß mittlerweile, bei wem ich gute Ware kaufe.“

„Wie lange reist man dahin?“, wollte Linus wissen.

„Man ist schon mehrere Wochen unterwegs. Aber ich fahre nicht jedes Mal selbst nach Gallien. Es gibt einige Unternehmen, die einen regelmäßigen Fuhrverkehr unterhalten. Sie bringen mir dann die bestellte Ware mit.“

*Hoch geschätzt: Bei der teuren Terra Sigillata konnte man Teller, Schüsseln und Schalen oder Becher in verschiedenen Formen erwerben. Sie wurden von unterschiedlichen Werkstätten hergestellt.*

Die Mutter hatte sich währenddessen schon die Schalen angesehen. „Welche könnt Ihr denn besonders empfehlen?"

„Gut sind alle Töpfe, die ich führe. Ich persönlich schätze die Waren des MASCVLVS sehr. Seinen Stempel könnt Ihr auf dieser Schale sehen." Bei diesen Worten nahm Agricola eine halbrunde Schale aus einem Regal. Sie war mit zwei übereinander angeordneten Bildstreifen verziert, von denen der obere Hasen zeigte, die zwischen Blättern saßen. „Wenn Euch die Dekoration aber nicht so zusagt, kann ich von ihm auch Töpfe mit großfigurigen Darstellungen anbieten."

Linus warf einen Blick auf die Schale. „Da kämpft ja ein Krieger gegen einen Stier! Die finde ich toll!"

„Zu den bekanntesten Werkstätten gehört die des GERMANVS." Agricola zeigte andere Schalen. „Auch seine Waren tragen als Erkennungszeichen immer einen Stempel, denn die Modelformen werden oft imitiert. Ganz typisch für die Fabrikate des GERMANVS ist eine um das Gefäß laufende Blütenranke, in die kleine Bilder gestempelt sind."

Während die Mutter zwischen den einzelnen Dekorationen wählte, fielen Linus einige hohe Becher auf. „Die brauchen wir auch", sagte er. „Aus solchen Bechern haben Felix und ich neulich getrunken, als wir im Speiseraum von Felix' Vater bewirtet wurden."

„Von dem Kauf würde ich Euch abraten", meinte Agricola. „Diese Form ist ein bißchen unmodern geworden, und es gibt nur noch ganz wenige alte Töpfer, die sie herstellen."

„Schade!" Linus war enttäuscht.

Schließlich hatte sich die Mutter entschieden. Außer einigen verzierten, halbrunden Schalen wählte sie auch glatte kleine Schälchen, die in der Wandung eine umlaufende Rille zeigten, und Teller, deren Böden in der Mitte spitz aufgewölbt waren.

Das fand Linus komisch, denn er sah im Geist schon den Tellerboden wie einen kleinen Berg aus dem aufgefüllten Essen herausragen. Aber er machte darüber vorsichtshalber keine Bemerkung.

Während das Geschirr in Holzkisten gepackt wurde, die sorgfältig mit Heu ausgepolstert waren, betrat eine Frau den Laden.

„Salve Agricola!“, sagte sie. „Ist diese Schale zu reparieren?“ Dabei zeigte sie dem Händler eine Schale, aus der ein großes Stück herausgebrochen war.

„Ja! Wir können sie ausbessern, weil nur eine Scherbe fehlt, die Ihr auch mitgebracht habt“, erwiderte Agricola.

„Man kann Schalen reparieren?“, wunderte sich Linus.

„Keramik läßt sich tatsächlich ausbessern, obwohl es sich dabei um eine aufwendige Arbeit handelt“, erklärte der Händler dem Jungen. „Wir bohren in den Scherben und in das Gefäß Löcher, durch die wir ein Bleiband ziehen und die Enden miteinander verlöten. Wenn der Riß mit Ton gekittet ist, kann man die Schale wieder benutzen. Das lohnt sich allerdings nur bei sehr wertvollem Geschirr wie diesem.“

Inzwischen war alles eingepackt und auf den Wagen geladen.

„Darf ich Euch jetzt noch ein bißchen von Aquae Mattiacorum zeigen?“, fragte Agricola, nachdem der Vater die Rechnung bezahlt hatte. „Die Stadt ist ja für ihre heißen Quellen bekannt. Sogar die Statthal-

*Immer noch wertvoll: Auch mit Bleibändern geflickte Schalen des kostbaren Terra Sigillata-Geschirrs wurden weiterbenutzt.*

*Wie die Zeit vergeht: Der Stand des Schattens auf einer Sonnenuhr zeigte die Uhrzeit und damit auch die Öffnungszeiten des Bades an.*

ter von Mogontiacum und ihre Familien kommen gerne herüber, um ihre Krankheiten auszuheilen."

Zunächst führte Agricola die Familie durch ein paar Straßen, in denen es nicht wesentlich anders aussah als in Mogontiacum. Plötzlich wies er auf ein stattliches Gebäude aus Stein. „Das ist unser Versammlungshaus", erklärte er. „Dort treffen sich regelmäßig alle Keramikhändler von Aquae Mattiacorum. Wir essen zusammen, diskutieren aber auch Probleme."

Daß sich Händler zu einem Verein zusammenschließen und sogar ein eigenes Vereinshaus bauen konnten, hörte Linus zum ersten Mal.

Kurz darauf standen sie vor den Thermen, in denen das heilende Wasser medizinisch genutzt wurde. Äußerlich unterschied es sich nicht von anderen Badegebäuden. Allerdings sah man hier vornehmere Besucher als in Mogontiacum, aber ebenso viele Kranke, die ganz offensichtlich Heilung suchten.

„Außer den üblichen Badebecken sind in diesem Bad auch kleine Einzelwannen eingebaut worden, in denen die Patienten unter ärztlicher Aufsicht das warme Thermalwasser kurmäßig anwenden. Das gibt es nur in Kurorten", erklärte Agricola.

„Was ist denn das?" Linus konnte seine Neugier trotz eines mahnenden Blicks der Mutter nicht unterdrücken. Er wies auf eine Steinplatte, die neben den Thermen stand. Auf ihr waren zu beiden Seiten einer geraden Linie schräg verlaufende, aber unterschiedlich lange Striche eingeschlagen. Die rot ausgemalten Einkerbungen ließen sich gut erkennen. Am unteren Ende steckte ein Metallstift in der Platte.

„Das kannst Du heute bei dem bedeckten Himmel wirklich nicht sehen", antwortete Agricola. „Das ist eine Sonnenuhr. Durch die Sonne wirft der Metallstift einen Schatten, der immer auf eine andere Linie fällt. An seinem Stand können wir die Stunde ablesen."

Ärgerlich schaute Linus zum Himmel empor. Warum mußte ausgerechnet heute die Sonne nicht scheinen? Er hätte zu gerne gesehen, wie die Sonnenuhr funktionierte.

„Wenn Ihr noch ein typisches Andenken von Aquae Mattiacorum mitnehmen wollt, müßt Ihr diese Kugeln kaufen." Agricola deutete auf einen Straßenhändler, der kleine, runde Kugeln anbot. „Die Römerinnen glauben, daß man mit ihnen das Haar blond färben kann und zahlen dafür hohe Preise. Sie werden deshalb sogar bis an den Kaiserhof nach Rom gebracht."

Nach einem Imbiß, zu dem Agricola sie in das Vereinshaus der Keramikhändler einlud, fuhr die Familie zurück nach Mogontiacum. Für Linus war es ganz schön anstrengend, die vielen Kisten mit dem Geschirr ins Haus schleppen zu müssen. Allerdings fand er, daß es bei ihnen ebenso vornehm aussah wie bei Felix, nachdem die Mutter alle Schüsseln und Teller ausgepackt und in das Regal neben dem Herd gestellt hatte.

# *Linus geht baden*

*Linus und Felix mußten wiederholt von älteren Badebesuchern ermahnt werden, nicht allzu viel Lärm zu machen und nicht zu heftig mit dem Wasser um sich zu spritzen.*

## Wissenswertes

### Badewesen

Das Badewesen ist von den Römern in allen Provinzen ihres Reiches eingeführt worden. Mit hohem technischen Aufwand wurde ein Teil des Gebäudes beheizt und zugleich das Badewasser erwärmt. In jedem Bad gab es Kalt- und Heißbaderäume. Zwischen ihnen lag als Übergang ein mäßig erwärmter Raum. Tacitus, ein bekannter antiker Schriftsteller, meint sogar, daß der römische Feldherr Agricola die Provinz Britannien mehr durch den dort eingeführten luxuriösen Lebensstil erobert habe als durch Feldzüge. Zu diesem Lebensstil rechnet er auch das Badewesen.

### Thermenbetrieb

Bäder wurden von Pächtern betrieben, die für den Unterhalt von den Besuchern Eintritt erhoben. Frauen mußten normalerweise einen höheren Preis bezahlen als Männer.
Um sich beliebt zu machen, stifteten reiche Bewohner ihren Mitbürgern oft den kostenlosen Badebesuch.

### Freizeitzentren

Thermen entsprechen unseren Freizeitzentren, denn die Römer verbrachten dort gerne ihre freie Zeit. Entsprechend lebhaft ging es zu. In großen Badeanlagen finden sich außer den Baderäumen auch Massageräume, Aufenthaltsräume, Ballspielplätze und gelegentlich sogar eine Bibliothek. Händler boten Erfrischungen an, Masseure ihre Dienste.

### Baden

In römischer Zeit badete man in kleinen Becken, die rundum mit Sitzstufen versehen waren. Man setzte sich auf diese Stufen und blieb so lange im Wasser, wie es einem gefiel. Nur wenige Thermen besaßen ein richtiges Schwimmbecken.

### Thermen in Mainz

Bäder sind in Mainz vor allem am Tritonplatz und in der Weißliliengasse angeschnitten worden. Größere Städte verfügten oft über mehrere Thermen, in denen Männer und Frauen getrennt badeten. War nur ein Bad vorhanden, gab es unterschiedliche Badezeiten.

Endlich sollte Linus' großer Wunsch in Erfüllung gehen: Er durfte zusammen mit seinem Freund Felix und dessen älterem Bruder die Thermen besuchen. Das war Linus noch nie erlaubt worden, weil sein Vater das Baden in einem beheizten Raum und in warmem Wasser für einen überflüssigen Luxus hielt, mit dem die Römer ihre Feinde verweichlichen wollten. Er wurde nicht müde, Linus den Großvater als leuchtendes Beispiel hinzustellen, der unabhängig von der Jahreszeit nur in Flüssen oder Bächen gebadet hatte und sich damit gleichzeitig erfrischte und abhärtete. Außerdem fand der Vater den Besuch der Thermen ein ziemlich teures Vergnügen, denn der Eintritt kostete jedes Mal pro Person ein As.

Heute aber war der Einlaß in das Bad kostenlos. Ein reicher Mitbürger wollte nämlich bald für ein politisches Amt kandidieren. Um für sich zu werben, hatte er Tausende von Einlaßmarken für die Thermen gekauft und diese dann an die Bewohner von Mogontiacum verschenken lassen. Die Marken händigte man dem Bademeister beim Betreten des Bades statt des Eintrittsgeldes aus. Diese günstige Gelegenheit, kostenlos in das Bad zu kommen, ließen sich die beiden Freunde genauso wenig entgehen wie viele andere Bewohner von Mogontiacum.

Das große Thermengebäude sah mit seinem schmucken roten Ziegeldach und den hohen, grünlichen Glasscheiben schon von außen einladend aus. Zwar klagten die Bewohner des angrenzenden Viertels seit dem Bau des Bades, daß sie von den Tag und Nacht rauchenden Kaminen des Gebäudes sowie vom Ruß belästigt würden. Es mußte aber ständig geheizt werden, um die Räume und das Wasser warm zu halten. Deshalb hatte der Bürgermeister von Mogontiacum, der selber gerne und regelmäßig die Thermen besuchte, die Beschwerden der Anwohner bisher nicht beachtet.

*Ein notwendiger Schutz: Weil Holz Wärme schlecht leitet, betraten die Römer die heißen Fußböden in den Thermen nur mit hölzernen Badesandalen. Ihre Formen wirken durchaus modern.*

*Heiß begehrt: Wertmarken, die von reichen Bürgern verschenkt wurden, ermöglichten einen kostenfreien Eintritt in die Thermen.*

Aus Angst, sich zu verspäten, war Linus schon sehr pünktlich zum vereinbarten Treffpunkt gekommen. Er wartete ungeduldig in einer größeren Menge, bis Felix mit seinem älteren Bruder endlich in der Ferne auftauchte. „Los, beeilt Euch doch ein bißchen!", rief Linus ihnen entgegen, „wir kommen sonst nicht mehr in das Bad!" Allmählich hatte sich nämlich die Straße um die Thermen mit vielen Menschen gefüllt, die, plaudernd oder ungeduldig wie Linus, auf den Einlaß warteten. „Ruhig, ruhig, Du wirst staunen, wie viele Menschen gleichzeitig baden können!", beschwichtigte ihn Felix' älterer Bruder.

Im Augenblick verließen noch immer zahlreiche Frauen das Bad. „Die Frauen", hörte Linus es in der Menge raunen, „die brauchen mit ihrer Kosmetik und ihren Salben immer so viel Zeit!" „Dann ist es ja nur gerecht, wenn sie normalerweise mehr Eintritt zu zahlen haben als wir. Schließlich müssen die Bademeister nach ihrem Besuch sehr viel länger die Bekken reinigen und mit frischem Wasser füllen – wir merken das ja gerade wieder!", fügte jemand anders hinzu.

Endlich aber gaben die Sklaven die Eingänge frei und die Männer strömten in das Gebäude. Zuerst kamen Linus und Felix in den Auskleideraum, wo die abgelegten Kleider zusammengefaltet in ein hölzernes Regal geschoben wurden. Bevor sie die Baderäume betraten, gab Felix seinem Freund noch ein Paar Holzsandalen. „Wozu sollen die denn gut sein?", fragte Linus erstaunt. „Ich dachte, man bewegt sich hier ohne Kleider!" Felix lachte. „Du wirst schon sehen", meinte er überlegen und schlüpfte in seine Sandalen. „Der Fußboden ist in einigen Räumen so heiß, daß wir ihn barfuß gar nicht betreten können." „Das glaube ich nicht! So heiß kann ein Fußboden doch nie werden!" Linus wollte zeigen, daß er abgehärtet war und einiges aushalten konnte und nahm deshalb seine Sandalen in die Hand.

„Wir beginnen mit einem warmen Bad!", sagte Felix und lief Linus zum Warmbaderaum voraus. Er lag am entgegengesetzten Ende der Thermen, und Linus staunte beim Durchqueren des Gebäudes, wie luxuriös es ausgestattet war. Mosaiken mit verschiedenen Motiven bedeckten die Böden, während die Wände geometrische Muster oder florale Dekorationen aus unterschiedlichen Steinarten wie Marmor, Porphyr oder Malachit zeigten. Statuen, die in Nischen standen, oder runde, reich verzierte Wasserbecken schmückten zusätzlich viele Räume. Durch die großen, leicht grünlichen Fenster fiel überall helles Tageslicht ein, obwohl die Scheiben zu dick waren, um hinaussehen zu können.

Vor dem Heißbad riet Felix seinem Freund noch einmal, die Sandalen anzuziehen. Linus wollte aber unbedingt den Helden spielen und betrat mit bloßen Füßen den Raum. Autsch, war das heiß! Er hatte das Gefühl, daß seine Fußsohlen von den Fliesen geröstet würden. Grinsend beobachtete Felix, wie Linus sofort zurücksprang und nun doch in seine Sandalen schlüpfte, bevor er den Raum wieder betrat, aber er war großzügig genug, nichts zu sagen. Da Felix seine Sandalen schon anhatte, erreichte er als erster das

Badebecken und spritzte Linus heißes Wasser entgegen. In der sehr niedrigen Wanne saßen bereits einige Männer und entspannten sich in dem warmen Wasser, das ihnen bis zur Brust reichte. Auch Felix und Linus nahmen auf den im Badebecken eingebauten Sitzstufen Platz. Sie waren noch so klein, daß bei ihnen nur die Köpfe aus dem Wasser schauten.

Bereits nach kurzer Zeit wurde den beiden Freunden das Stillsitzen in der Wanne zu langweilig, denn die politischen Tagesthemen und die Sportereignisse, die die älteren Männer dabei ausführlich diskutierten, interessierten die Jungen überhaupt nicht. So verließen sie bald das Becken und liefen mit ihren Holzsandalen, die auf den Mosaikböden lustig klapperten, in einen mäßig erwärmten Zwischenraum, wo sie nur kurz stehenblieben. Auch hier gab es Badebecken, in denen lauwarmes Wasser bereitstand. Dann sprangen sie im Kaltbaderaum in das mit eiskaltem Wasser gefüllte Becken.

„Puuh!", dachte Linus bei sich. „Diese Art des Badens hätte wohl auch meinem Großvater gefallen!" Das kalte Wasser schien ihm fast die Luft abzuschneiden, aber die dadurch prickelnde Haut wirkte auch erfrischend und belebend.

Das fröhliche Spiel – kurzer Aufenthalt im heißen Wasser, dann ein Sprung in das kalte Wasser – wiederholten die Freunde noch ein paar Mal, wobei sie von älteren Badebesuchern wiederholt ermahnt werden mußten, nicht allzu viel Lärm zu machen und nicht zu heftig mit dem Wasser um sich zu spritzen. In den Schwitzraum, in dem eine sehr hohe Temperatur herrschte und dichter Dampf die Besucher fast unsichtbar machte, warfen die beiden Jungen aber nur einen kurzen Blick. Sie wollten nicht schon wieder stille sitzen.

Nachdem sie sich müde getobt hatten, zogen Felix und Linus im Umkleideraum ihre Kleider wieder an. Hier herrschte noch immer ein reges Kommen und Gehen. Bevor sie die Thermen verließen, kauften sie sich bei einem Händler, der Erfrischungen anbot, ein paar Feigen. Das Geld dafür hatte Felix' Vater spendiert.

Abends berichtete Linus seinen Eltern ausführlich von dem Besuch in den Thermen. Was er erzählte, klang so interessant, daß sein Vater im stillen beschloß, sich bei der nächsten Gelegenheit ebenfalls eine Eintrittsmarke zu besorgen, um das Badevergnügen selber einmal kostenlos auszuprobieren.

*Linus staunte beim Durchqueren des Gebäudes, wie luxuriös es ausgestattet war. Mosaiken mit verschiedenen Motiven bedeckten die Böden, während die Wände geometrische Muster oder florale Dekorationen zeigten. Durch die großen, leicht grünlichen Fenster fiel überall helles Tageslicht ein.*

# *Felix muß lernen*

*Den Heiligen Bezirk des Mars-Leucetius-Heiligtums schmückten zahlreiche Weihegeschenke. Linus und Felix beeindruckte ein hoher Sockel am meisten, auf dem große Waffen wie Lanzen und Schwerter standen.*

## Wissenswertes

### Heiligtum

Das Heiligtum des Mars-Leucetius ist in Ober-Olm (fälschlicherweise oft Klein-Winternheim zugewiesen) aufgefunden worden. Die Götter Mars und Leucetius sind als Kriegsgötter trotz ihres unterschiedlichen Aussehens von Römern und Kelten gleichgesetzt worden.

### Tempel

Tempel mit einer turmartigen Cella und einem Umgang werden als ‚Gallo-römische Umgangstempel' bezeichnet. Die Bauform nimmt sicher einheimische Traditionen auf und findet sich verbreitet in den westlichen Provinzen des römischen Reiches.

### Veiento-Weihung

Im Mars-Leucetius-Heiligtum ist eine Weihung des A. Fabricius Veiento gefunden worden, die für den Kriegsgott aus übergroßen Waffen bestand. Veiento kam 97 n.Chr. mit einer Gesandtschaft des Senats nach Mogontiacum, um dem damaligen römischen Statthalter Traianus seine Adoption durch den römischen Kaiser Nerva und seine Ernennung zum Mitregenten mitzuteilen.

### Wasserleitung

Die Wasserleitung begann in Mainz-Finthen, dessen Name vom lateinischen ‚Ad fontes' (Bei den Quellen) abgeleitet wird, und führte bis zum römischen Lager auf dem Kästrich (von ‚castrum' = Lager, Kastell). Noch heute sind im Zahlbachtal die Reste von einigen Pfeilern des Aquädukts (= Wasserleitung) erhalten.

Heute durfte Felix einmal Linus und seinen Vater begleiten, die den Tempel des Mars-Leucetius besuchen wollten. Das ehrwürdige Heiligtum besaß schon eine lange Tradition, und bereits Linus' Großvater war regelmäßig dorthin gefahren, um dem Gott für seinen Schutz zu danken.

Außerhalb von Mogontiacum führte der Weg zunächst an dem Aquädukt vorbei, der das frische Quellwasser von dem Ort Ad Fontes in das Lager und die Stadt leitete.

Plötzlich stieß Felix Linus in die Seite und fragte lachend: „Wie lange würden wir wohl bis zu den Quellen brauchen?"

„Bis zu welchen Quellen?" Linus verstand die Frage von Felix nicht sofort.

„Weißt Du denn nicht, daß ‚ad fontes' auf Latein ‚An den Quellen' heißt?", spielte Felix wieder einmal seine besseren Lateinkenntnisse aus. Das hatte Linus nicht gewußt, wenn er auch zugeben mußte, daß es ein sehr passender Name für den Ort war, an dem die römische Wasserleitung begann.

Plötzlich mischte sich Linus' Vater in das Gespräch. „Den Bau dieser Wasserleitung hat Dein Großvater noch miterlebt", sagte er. „Für die Menschen war es damals unvorstellbar, daß man Wasser über eine so große Entfernung bis nach Mogontiacum leiten kann, zumal Täler überbrückt werden mußten. Aber die römischen Ingenieure faßten die Quellen bei Ad Fontes in Stein und leiteten das Wasser in eine ebenfalls gemauerte Leitung. Hier in diesem Abschnitt wurden zunächst Pfeiler gebaut. Das gute Mauerwerk könnt Ihr jetzt ja noch sehen."

Die in regelmäßigen Abständen errichteten Pfeiler des Aquädukts schienen tatsächlich nur aus sorgfältig zugehauenen Quadern zu bestehen. Aber Linus und Felix wußten von ihrem Besuch auf der Baustelle des Statthalterpalastes doch, daß sich dahinter nur eine Füllung aus Bruchsteinmaterial verbarg.

„Spannend wurde es, als die Ingenieure die Bögen aufführten", erzählte der Vater weiter. „Sie setzen direkt am Abschluß der Pfeiler an. Dafür zogen Arbeiter zwischen den einzelnen Pfeilern zuerst Holzbögen ein. Über diesem Gerüst mauerten Steinmetzen die unterste Lage des Steinbogens auf."

„Und was passierte dann mit den Holzbögen?", fragte Felix atemlos, den der Bericht von dem Bau der Wasserleitung fesselte.

„Das Holzgerüst wird nach dem Abschluß der Maurerarbeiten entfernt. Wenn der Steinbogen nämlich sorgfältig gesetzt ist, trägt er sich selbst. Andernfalls stürzt er ein, sobald das stützende Gerüst fehlt. Der Kanal, durch den das Wasser fließt, liegt erst auf den Bögen auf. Heute ist frisches Wasser in der Stadt ja schon selbstverständlich, damals war es eine große Sensation."

Bald tauchte am Horizont das Heiligtum des Mars-Leucetius auf. Eine weiß getünchte Mauer umschloß die Anlage, in deren Mitte der Tempel stand.

Felix schaute sich neugierig in dem heiligen Bezirk um. Die Tempel, die er von Mogontiacum her kannte, sahen mit ihren breiten Freitreppen und den farbig gefaßten, prachtvoll dekorierten Fassaden seiner Meinung nach sehr viel beeindruckender aus als dieser schlichte Bau. Von außen wirkte er nämlich wie ein einfaches, zweistöckiges Haus, das auf allen vier Seiten eine von Säulen getragene Vorhalle umgab. Nur die Säulen waren bunt bemalt und bildeten damit den einzigen Schmuck des Tempels. In einer Seite dieses Umgangs öffnete sich statt eines großen Portals ein einfaches, unverziertes Tor. Auch einen Altar vor dem Tempel vermißte Felix, an dem die römischen Priester das Opfer für die Götter unter freiem Himmel vollzogen.

In dem Heiligtum gab es außer kleinen Kapellen und Opfergruben einige gemauerte Brunnen und eine sorgfältig gefaßte heilige Quelle. Wie ein Wei-

hestein daneben berichtete, hatte eine Gläubige zu Ehren des Gottes die Quellfassung bezahlt.

Zahlreiche Inschriftensteine und Weihegeschenke schmückten den gesamten Tempelbezirk. Am meisten beeindruckte Felix ein hoher Sockel, auf dem große Waffen wie Lanzen und Schwerter standen. „Deine Vorfahren müssen ja riesig gewesen sein, wenn sie mit solchen Waffen gekämpft haben!", sagte er bewundernd zu Linus. „Diese Weihung stammt aber von einem Römer", antwortete der Vater anstelle von Linus. „Fabricius Veiento und seine Frau Attica haben sie der Göttin Nemetona gestiftet. An den Besuch des Veiento in Mogontiacum kann ich mich noch ganz genau erinnern. Er kam vor etwa 25 Jahren mit einer prachtvollen Gesandtschaft des römischen Senats, um dem damaligen Statthalter Traianus mitzuteilen, daß er zum Nachfolger des römischen Kaisers ernannt worden war. Mit diesen Waffen ist aber nie gekämpft worden. Das seht Ihr nicht nur an der Größe der Lanzen und Schwerter, die kein Krieger mehr handhaben kann, sondern auch daran, daß sie nicht scharf geschliffen sind."

Daneben gab es noch zahlreiche weitere Weihegaben zu bestaunen. Zu den kostbarsten Geschenken gehörten eine kleine goldene Frauenbüste und eine winzige, silbern glänzende Pferdefigur. Viele Soldaten hatten auch ihre Militärgürtel mit reich verzierten Beschlägen hier niedergelegt. „Damit danken sie dem Kriegsgott Mars-Leucetius dafür, daß sie Kämpfe überlebt haben", erklärte der Vater den beiden Jungen.

*Ganz groß und ganz klein: Die Weihungen an Mars-Leucetius im Heiligtum von Ober-Olm (= Klein-Winternheim) waren je nach dem Anlaß unterschiedlich. Die Waffen hat F. Veiento auch im Namen seiner Frau Attica während seines Besuches in Mogontiacum im Jahre 97 n. Chr. geweiht. Bei dem kleinen Pferdefigürchen kennen wir dagegen weder den Stifter noch den Grund seiner Stiftung.*

*Wasser für Mogontiacum: Das Modell der Wasserleitung zeigt den Zustand nach dem Abschluß der Bauarbeiten. Die Holzbögen, die zum Aufmauern der Leitung notwendig waren, sind bereits wieder entfernt.*

In dem kleinen, quadratischen Kultraum des Tempels, der durch weit oben angebrachte Fenster nur spärlich erhellt wurde, standen drei Statuen, die zwei Götter und ihre Kultgefährtin zeigten. Eine von ihnen stellte einen vollgerüsteten Krieger dar, die andere einen jungen, unbekleideten Mann mit einem Helm. Ihre ebenfalls gerüstete Begleiterin hielt außerdem noch eine Siegespalme in der Hand.

Felix wunderte sich. „Daß Mars verehrt wird, weiß ich auch aus unseren Tempeln", sagte er zu Linus. „Aber da trägt der Gott keinen weiteren Namen. Außerdem steht nur seine Statue im Heiligtum, und er wird nicht zusammen mit einer Göttin dargestellt."

Jetzt konnte Linus einmal auftrumpfen. Wie gut, daß er neulich aufgepaßt hatte, als er sich mit seinem Cousin die namenlose Säule anschaute!

„Ist Dir denn noch nie aufgefallen, daß manche Götter Doppelnamen tragen?", fragte er ein bißchen überheblich. „Das erstaunt mich aber wirklich!" Diesmal ärgerte sich Felix.

Und dann erklärte Linus, daß die einheimische Bevölkerung und die Römer trotz unterschiedlicher

Namen oft denselben Gott anbeten. Mars und Leucetius sind Kriegsgötter. Während Mars bei den Römern in voller Rüstung auftritt, trägt Leucetius bei den Kelten nur einen Helm. „Beide haben aber die gleiche Funktion und können deshalb wie in diesem Mars-Leucetius-Tempel zusammen in einem Heiligtum verehrt werden“, schloß Linus.

„Es gibt aber noch einen weiteren Unterschied“, fügte Linus' Vater hinzu. „Bei uns hat jeder Gott einen männlichen und einen weiblichen Aspekt. Darum wird jeder Gott von einer Kultgefährtin begleitet. Leucetius ist nach unserem Glauben mit Nemetona verbunden. Weil die Göttin kriegerisch ist, trägt auch sie eine Rüstung. Wenn in diesem Heiligtum Leucetius verehrt wird, darf Nemetona natürlich nicht fehlen, und so wird sie hier auch zur Begleiterin von Mars.“

Der Ärger zwischen Linus und Felix war bald vergessen, und auf der Heimfahrt saßen die Freunde wieder einträchtig nebeneinander.

# *Auf dem Lande*

*Endlich sah Linus an einem sanft abfallenden Hang neben einem Bach das Ziel ihrer Fahrt: Ein großes Gut, dessen sorgfältig gebaute Häuser einen wohlhabenden Eindruck machten.*

## Wissenswertes

### Straßensystem

Ein gut ausgebautes Straßensystem verband im römischen Reich auch die entferntesten Provinzen mit Rom. In regelmäßigen Abständen eingerichtete Poststationen boten die Möglichkeit zu rasten oder zu übernachten.

### Gutshöfe

Die römischen Gutshöfe (villae rusticae) außerhalb der großen Ortschaften lassen sich am besten mit unseren Aussiedlerhöfen vergleichen. Außer dem Gutsbesitzer und seiner Familie lebten der Verwalter und zahlreiches Gesinde auf dem Hof. Die Erzeugnisse von Landwirtschaft und Viehzucht wurden auf den Märkten der benachbarten Städte verkauft.
Der hier beschriebene Gutshof konnte in der Wetterau in Friedberg-Pfingstweide ausgegraben, aber nicht erhalten werden. Das Gelände ist heute vollständig überbaut.

### Vorratsräume

Keller wurden durch mehrere Lichtschächte erhellt. Nischen und Steintische dienten zum Abstellen der verschiedensten Gegenstände. Die farbige Einfassung von Nischen und Lichtschächten ist in einem Keller in Walheim (Baden-Württemberg) erhalten. Holzregale lassen sich nur noch anhand von dunklen Pfostenlöchern im Kellerboden nachweisen. Auch die Standspuren von Amphoren in einem lockeren Sandboden zeichnen sich bei Ausgrabungen als dunkle Verfärbungen ab.

### Gastarbeiter

Germanische Gastarbeiter haben bereits in römischer Zeit bei den Erntearbeiten geholfen. Sie erwarben von ihrem Verdienst Gegenstände wie Waffen oder Keramik, die heute in germanischen Siedlungen weit außerhalb des römischen Reiches gefunden werden.

### Erntemaschine

Die Erntemaschine ist nach den Beschreibungen antiker Autoren sowie zwei bildlichen Darstellungen rekonstruiert worden. Praktische Versuche haben gezeigt, daß sie durchaus funktionstüchtig war.

**Lebensmittel**

In Kleingärten kultivierte Obstsorten wie Äpfel, Birnen, Pfirsiche, Weintrauben, Kirschen und Pflaumen bereicherten den Speiseplan eines römischen Haushaltes. Himbeeren und Haselnüsse dürften in Wäldern gesammelt worden sein, Feigen wurden sicher aus dem Mittelmeerraum nach Germanien exportiert. Die organischen Reste dieser Nahrungsmittel können bei günstigen Erhaltungsbedingungen (Luftabschluß und eine gewisse Feuchtigkeit) vor allem in Brunnen nachgewiesen werden.

Linus' Vater fuhr jedes Jahr im Spätsommer mit seinem Maultiergespann zu einem befreundeten Gutsbesitzer auf das Land, wo er für den Winter Getreide und Gemüse kaufte. Als es herbstlich wurde – Linus merkte es an den allmählich kürzer werdenden Tagen – sagte der Vater zu Linus: „Übermorgen ist es soweit, ich kaufe die Wintervorräte ein. Willst Du auch in diesem Jahr wieder mitkommen?" Und ob Linus wollte! Er fand den Besuch auf dem Gut nämlich immer wieder aufregend.

Zwei Tage später wurde der Wagen schon im Morgengrauen angespannt. Linus war zwar noch etwas verschlafen und fröstelte, als er sich zum Vater auf den Bock schwang, aber seine Müdigkeit verflog bei der Fahrt sehr schnell.

Zunächst ging es in raschem Trab über die Rhenusbrücke auf das jenseitige Flußufer. Bereits zu dieser Stunde herrschte hier lebhafter Verkehr, denn viele Händler kamen aus Aquae Mattiacorum, um ihre Waren auf dem Markt von Mogontiacum anzubieten. Gleich nach dem Ehrenbogen am jenseitigen Ufer lenkte der Vater den Wagen auf die Straße nach Nida. Linus hatte die Stadt mit seinem Vater schon einmal besucht und erinnerte sich an das große Gasthaus, in dem sie damals gegessen hatten. Heute aber legte der Vater hier keine Rast ein.

Hinter Nida verlief die Straße streckenweise schnurgerade. Sie war breit genug, daß zwei Wagen problemlos aneinander vorbeifahren konnten. „Straßen können die Ingenieure der römischen Armee ja bauen, das muß man ihnen lassen!", sagte Linus' Vater. „Wenn ich daran denke, wie der Weg früher ausgesehen hat, als ich so alt war wie Du! Damals wären wir nach den heftigen Regenfällen der letzten Tage hier sicher im Schlamm steckengeblieben, denn die Straßen waren noch nicht gepflastert. Heute sorgen die zu beiden Seiten der Straße ausgehobenen Straßengräbchen dafür, daß auch bei heftigem Regen das Wasser leicht ablaufen kann und die Straße sehr schnell wieder trocken wird."

Linus überlegte. „Eigentlich kann es aber doch gar nicht so schwer sein, Straßen zu bauen", meinte er schließlich. „Ein Weg wird gepflastert, man hebt daneben einen Straßengraben aus, und schon ist die Straße fertig!"

„So schnell und einfach geht das nun doch nicht", antwortete der Vater. „Erst muß der Weg genau vermessen werden. Das machen die Ingenieure der Armee mit bestimmten Geräten. Deswegen verläuft die Straße auch ohne Kurven. Dann wird das Straßenbett ausgehoben und mit Kies geschottert. Erst

*Verkehrsservice der Antike: An römischen Straßen zeigten Meilensteine die Entfernung von der nächsten größeren Stadt an. Gleichzeitig dienten sie aber auch der Propaganda des römischen Herrschers. Auf diesem Meilenstein wird von Kaiser Caracalla gesagt, daß er Straßen und Brücken gebaut habe und außerdem der größte Sieger über Britannien und die Parther sei.*

danach kann sie gepflastert werden. Wenn Du genau hinsiehst, merkst Du auch, daß die Straße in der Mitte ein bißchen höher ist als an den Rändern. Deswegen fließt das Wasser so rasch ab. Alle diese Techniken haben erst die Römer eingeführt. Sie setzen auch die Soldaten ihrer Armee zum Straßenbau ein, weil dafür viele Arbeiter benötigt werden."

In regelmäßigen Abständen standen Säulen am Weg. Linus wunderte sich darüber und fragte seinen Vater nach dem Grund. „Das sind keine Säulen, das sind Meilensteine", erklärte er seinem Sohn. „Auf ihnen kann ich ablesen, wie viele Meilen ich von Aquae Mattiacorum entfernt bin. Man rechnet die Entfernungen nämlich von den größeren Städten aus, und das ist in diesem Fall Aquae Mattiacorum." Daß auf den Meilensteinen auch die Kaiser genannt wurden, in deren Regierungszeit die Straße gebaut worden war, fand der Vater dagegen überflüssig.

Je weiter sie nach Norden kamen, desto ländlicher wurde die Gegend. In regelmäßigen Abständen lagen große Gutshöfe inmitten ausgedehnter und fruchtbarer Felder zu beiden Seiten der Straße. Überall waren Männer und Frauen auf den Feldern mit der Ernte beschäftigt. Unterwegs begegnete ihnen auch manches hoch mit Säcken beladene Fuhrwerk. Da die Straße breit genug war, gab es beim Ausweichen aber keine Schwierigkeiten.

Endlich sah Linus an einem sanft abfallenden Hang neben einem Bach das Ziel ihrer Fahrt: Ein großes Gut, dessen sorgfältig gebaute Häuser einen wohlhabenden Eindruck machten.

Zwei Türme flankierten die stattliche Villa in der Mitte des Anwesens. Zwischen ihnen verlief eine breite Veranda, deren rotes Ziegeldach einen wirkungsvollen Kontrast gegen die bunten Säulen bildete. Auf der breiten Treppe, die in das Haus hineinführte, stand die Gutsherrin mit einigen Mägden, denen sie offenbar Arbeiten in Hof und Garten zuwies. Das gesamte Gebäude sah von ferne so aus, als ob es aus sorgfältig gearbeiteten Quadersteinen errichtet worden wäre. Linus hatte aber bei seinem letzten Besuch an einer Hausecke gesehen, daß auch hier das Quadermauerwerk nur mit roten Linien auf einen weißen Verputz aufgemalt worden war. Darunter versteckte sich eine Wand aus groben Bruchsteinen. Vor dem Haus lagen zu beiden Seiten des Zugangsweges von niedrigen Zäunen eingefaßte Beete, in denen jetzt zwischen Gemüse und Kräutern auch einige bunte Herbstblumen leuchteten.

Direkt neben dem Garten war seit ihrem letzten Besuch ein kleines Gebäude errichtet worden, aus dessen Schornstein dünne weiße Rauchwölkchen in den Himmel stiegen. Der Vater runzelte nachdenklich die Stirn, aber Linus wußte sofort, daß es sich bei diesem Bau nur um ein Bad handeln konnte. „Ein Bad!", rief er, „Vater, die haben sich ein eigenes Bad gebaut!" Stolz erklärte er: „In dem Raum am Ende des Gebäudes steht die Badewanne, und dahinter liegt der Heizraum. In der Mitte, wo Du den Kamin siehst, befindet sich der mäßig erwärmte Baderaum. Das weiß ich von meinem Besuch in den Thermen von Mogontiacum."

Mittlerweile war der Wagen auf einem geschotterten Weg durch das ebenfalls weiß getünchte und mit rotem Fugenstrich versehene Tor in den Hof gefahren. Dort wurden Vater und Sohn bereits erwartet, denn ihr Kommen war nicht unbemerkt geblieben, zumal Nero, der Hofhund, sie auf den letzten Metern laut bellend begleitet hatte.

Lächelnd trat der Gutsbesitzer jetzt an den Wagen und reichte dem Vater die Hand. „Schön, daß Ihr wieder da seid!", sagte er. „Die Ernte ist diesmal gut ausgefallen. Bevor wir aber über das Geschäft reden, wollen wir uns bei einem Frühstück stärken." Linus war unterdessen schon vom Wagen gesprungen und trat ungeduldig von einem Fuß auf den anderen, denn er wollte sich so rasch wie möglich auf dem Gut umsehen. „Und Linus ist auch schon wieder ein Stück gewachsen! Bald wirst Du so groß sein wie ich. Aber Du willst lieber auf dem Hof umherstreifen als mit uns essen, nicht wahr?"

Das ließ sich Linus nicht zweimal sagen und lief zu den Gebäuden, die auf der anderen Seite des Weges standen. Daß der mittlere Bau als Speicher diente, wußte er noch von seinem letzten Besuch. Auf drei Seiten verstärkten vorspringende Pfeiler die Außenmauern des Gebäudes. An einer Schmalseite führte eine Treppe zu einer Plattform hinauf. Hier lag auch die Tür. Der Verwalter hatte dem Jungen erklärt, daß der Fußboden des Gebäudes höher lag, um das Getreide von unten zu belüften. Sonst bestand die Gefahr, daß es sich entzünden könnte, weil bei der Lagerung Gase entstehen. Später würde der Vater mit dem Wagen an diese Plattform heranfahren, um das in Säcke gefüllte Getreide aufzuladen.

Interessanter fand Linus das zweite Gebäude, das ebenfalls Ecktürme besaß. Hier lag nämlich außer der Werkstatt die große Gesindeküche, und er wußte aus Erfahrung, daß er sicher mit einer Kostprobe rechnen konnte. Darin täuschte sich Linus nicht. Als er den Kopf durch die Tür steckte, sah er außer der Köchin mehrere Mägde an zwei Herdstellen stehen und in großen Töpfen rühren. „Wer soll das denn alles essen?", fragte Linus erstaunt. „Oder kocht Ihr schon auf Vorrat?" Die Mägde mußten über diese Frage lachen, aber die Köchin erklärte Linus, daß im Augenblick Germanen aus dem Osten als Gastarbeiter auf den Hof gekommen wären, die bei der Ernte mithalfen und so lange hier bei ihnen lebten. „Du würdest staunen, wie rasch die Töpfe geleert sind, wenn die Männer abends hungrig vom Feld heimkehren. Aber in wenigen Tagen ist die Ernte eingeholt, dann erhalten die Germanen ihren Lohn ausgezahlt und gehen wieder über die Grenze im Osten in ihre Heimat zurück." „Jedenfalls duftet das Essen himmlisch, und mir läuft das Wasser im Mund zusammen", sagte Linus. „Willst Du etwas probieren? In dem Topf kochen wir gerade Rindfleisch. Es ist schon in kleine Happen geschnitten, und jeder Gast würzt es beim Essen nach seinem Geschmack. Im Topf daneben wird Gemüse gegart. Heute gibt es einen Eintopf aus Lauch, Erbsen und Linsen, den wir mit Essig und Honig sowie verschiedenen Kräutern abgeschmeckt haben!" „Kräuter!", rief keck eine jüngere Magd dazwischen. „Warum haben wir uns mit dem Schneiden von Dill, Petersilie und Sellerie eigentlich so viel Arbeit gemacht? Die kippen nachher doch nur diese Fischsauce mit ihrem eigenartigen Geschmack über das Essen. Das halten manche Germanen jetzt für vornehm und modern, weil die Römer es machen!" „Über Geschmack soll man zwar nicht streiten, aber bei der Fischsauce stimme ich Dir zu", erwiderte die Köchin. „Nicht nur ihr Geschmack, sondern bereits ihr Geruch scheint mir ziemlich eigenartig. Aber zurück zu unserem Essen! Dazu gibt es frisch gebackenes Fladenbrot. Und als Dessert bereiten wir noch eine süße Eierspeise zu."

Auf den Nachtisch, die Eierspeise, hätte Linus am meisten Appetit gehabt, aber die war ja noch nicht fertig. Allerdings schmeckten ihm auch das frisch gebackene, noch leicht warme Fladenbrot und der Gemüseeintopf gut, den er in eine Schüssel gefüllt bekam. Nur die Fischsauce mochte er nicht kosten, nachdem er daran gerochen hatte.

„Magst Du vielleicht einen anderen Nachtisch?", fragte eine der Mägde. „Ich kann Dir ein paar Pflaumen aus dem Keller holen." Als Linus die Frage bejahte, nahm sie eine kleine Lampe in die Hand. „Na, dann komm!"

Gleich neben der Küche führte eine Holztreppe in den Keller. Hinter der Kellertüre lag ein Raum mit einem festgestampften Lehmfußboden. Durch einen Lichtschacht wurde er so spärlich erhellt, daß Linus die farbig gemalte Einfassung einiger Nischen kaum erkennen konnte. In mehreren Wandnischen und auf einem Steintisch in der Mitte standen die verschiedensten Vorräte. An der linken Wand war ein Holzregal angebracht, auf der rechten Seite des Raumes sah er in einem Streifen aus hellem Sand zahlreiche große Vorratsgefäße.

„Wieso bleiben die denn stehen? Auf dem Markt bei uns haben die Gefäße immer spitz zulaufende Böden, so daß sie von einem Gestell mit drei Füßen gehalten werden müssen!", meinte Linus erstaunt.

„Anders sehen diese Gefäße auch nicht aus. Aber der Sandstreifen, in dem die Gefäße stehen, ist weich. Die Knechte drehen die schweren Amphoren so lange in den lockeren Boden, bis sie Halt haben. – Wie viele Pflaumen magst Du denn? Und möchtest Du nicht auch eine unserer Birnen kosten?"

Von den Deckenbalken hingen an langen Stricken verschiedene Kräuter zum Trocknen herab. An den Stricken waren Disteln befestigt. „Damit schützen wir unsere Vorräte vor Mäusen", sagte die Magd, die Linus verwunderten Blick beobachtet hatte. „Bei uns auf dem Land gibt es so viele, daß wir alle Lebensmittel vor ihnen sichern müssen."

Während die Magd in die Küche zurückkehrte, blieb Linus in der großen, überdachten Halle stehen. Ein Knecht reparierte an einer offenen Feuerstelle allerlei Werkzeuge, die bei den Erntearbeiten dringend benötigt wurden, aber kaputt waren. Da gab es Hacken, Sicheln, Sensen, Spaten und Messer mit verschiedenen Formen. Ein rund gebogenes Messer kannte Linus nicht. „Damit werden Zweige mit Laub von den Bäumen geschlagen. Das verfüttern wir den

*Einfach konstruiert, aber voll funktionsfähig: Die gallische Erntemaschine. Das Tier ist so eingespannt, daß es die Maschine ziehend schiebt. Der Mann hinter der Maschine kann den Kasten entsprechend der Wuchshöhe des Getreides heben oder senken, während der Arbeiter davor die Ähren aufrichtet.*

Tieren, wenn sie während der kälteren Jahreszeit im Stall stehen und nicht auf die Weide gebracht werden können", erklärte der Knecht.

Nachdem Linus lange genug dem Schmied zugesehen hatte, verweilte er noch einen Augenblick bei einem anderen Knecht, der die ausgebesserten Geräte mit neuen Griffen versah.

„Was ist denn das für ein merkwürdiges Ding?" Linus war ein Holzgerät mit Rädern und zwei Griffen aufgefallen. Es sah aus wie ein großer, offener Kasten, an dessen Vorderseite zahnartig geschnittene Holzbretter befestigt waren.

„Das ist unsere Erntemaschine!", antwortete der Knecht ganz stolz. „Nicht jeder Gutsbesitzer schafft eine solche Maschine an, obwohl ihre Erfindung einen großen technischen Fortschritt bedeutet. Sie wird bei der Ernte über das Getreidefeld gefahren. Die Zähne reißen die Ähren ab, die in den Holzkasten fallen, während die Halme stehenbleiben. Das geht viel schneller, als wenn wir alles mit Sicheln schneiden würden. Aber jetzt fehlen einige Bretter, die ich noch heute ersetzen muß, denn morgen soll wieder Getreide geerntet werden."

Dann lief Linus an einem sorgfältig gemauerten Brunnen vorbei quer durch den Hof zu dem Gebäude, das hinter dem Speicher stand. Es grenzte direkt an die Hofmauer. „Wie praktisch!", dachte er. „Da braucht man ja nur drei Mauern zu bauen und hat doch ein ganzes Haus."

Der Eingang lag in der Mitte des Gebäudes. In den beiden angrenzenden Zimmern hielt sich im Augenblick niemand auf. Der hintere Raum diente als Stall. Aber jetzt waren alle Tiere auf der Weide, und Linus sah nur die leeren Steintröge an der Wand. Manche davon schienen aus alten Säulen gearbeitet worden zu sein.

„Linus! Li-i-i-nu-us! Wo steckst Du denn? Wir müssen fahren!", hörte er den Vater plötzlich rufen.

„Schade! Können wir nicht warten, bis die Schaf- und Schweineherden zurückkommen?", bettelte Linus. „Die möchte ich auch so gerne sehen!" Aber der Vater erfüllte seinen Wunsch nicht, weil der Weg nach Mogontiacum lang war.

Linus saß schon auf dem Bock, als der Gutsbesitzer ihm einen mit Haselnüssen gefüllten Beutel in die Hand drückte. „Eine kleine Wegzehrung!", meinte er lächelnd. „Die magst Du doch noch immer gerne, oder täusche ich mich?"

Bis der Wagen um die Ecke bog, winkten alle Bewohner des Gutes Vater und Sohn nach: „Auf Wiedersehen im nächsten Jahr!"

# *Die Schule beginnt*

*In der Schule mußten Linus und Felix unter der Aufsicht des Lehrers mit dem Schreiben von einfachen Buchstaben wie ‚I' und ‚E' beginnen.*

## Wissenswertes

### Schulen

Schulräume lassen sich bei Ausgrabungen nicht nachweisen, die Arbeit von Lehrern ist aber durch Grabsteine belegt, auf denen die Verstorbenen als ‚Paedagogen' bezeichnet werden.

### Schreibmaterial

Dem täglichen Schreibverkehr dienten die kleinen Wachstäfelchen, die mehrfach benutzt werden konnten, weil der Text zu löschen war. Wichtige Dokumente oder Bücher wurden dagegen auf Papyrus oder Pergament geschrieben.
Ein Speckstein mit dem eingeritzten Alphabet ist bei den Grabungen in Mainz gefunden worden.

### ‚Taschenrechner'

Auch ein Rechenbrett war in der Antike bereits bekannt. Mit Rechensteinen konnten darauf auch bei hohen Zahlen alle Aufgaben leicht gelöst werden, was sowohl für die Verwaltung wie für den Handel nützlich war.

### Verkürzungen

Vor allem bei Inschriften sind Buchstaben oft zusammengezogen (‚ligiert') worden. Auf dem Meilenstein (Bild S. 108) sind zwei der hier genannten Ligaturen (‚Verkürzungen') wiederzufinden.

### Graffiti

Aus Mainz sind zwar keine Wandkritzeleien (Graffiti) bekannt, aber in anderen römischen Orten haben sich zahlreiche, vermutlich von Schülern angefertigte Graffiti gefunden.

### Kaiserpriester

Die Tätigkeit als Kaiserpriester, die C. Iulius Simplicius ausübte, war ein kostspieliges Ehrenamt in der städtischen Verwaltung, das sehr oft reich gewordene Freigelassene (= Liberti) bekleideten.

Heute war ein großer Tag für Linus, denn er sollte zum ersten Mal die Schule besuchen. Reiche Familien ließen ihre Söhne gerne von Sklaven im eigenen Haus unterrichten. Eltern konnten ihre Kinder aber auch zu einem Lehrer schicken, der in der Stadt Unterricht anbot. Für die einfachen Handwerker von Mogontiacum war das meistens zu teuer. Felix sollte natürlich unterrichtet werden und dabei außer Rechnen, Schreiben und Lesen auch das Vortragen von Reden lernen. Weil Felix' Vater den aufgeweckten und intelligenten Freund seines Sohnes aber gerne mochte, hatte er den Eltern von Linus angeboten, auch für ihren Sohn den Unterricht bei einem Pädagogen zu bezahlen. Vor allem der Vater wollte anfangs nichts davon wissen, aber da die Eltern einsahen, daß es Linus nutzen würde, wenn er schreiben und rechnen konnte, willigten sie schließlich doch gerne ein. Die Mutter wünschte ihrem Sohn viel Erfolg, als er sich nun in seiner neuen, langärmligen Tunika auf den Weg zu Felix machte.

Auch Felix war heute morgen etwas aufgeregt gewesen, obwohl er viele Kinder kannte, die von Lehrern unterrichtet wurden. Der Sklave, der die beiden Jungen an ihrem ersten Schultag zu dem Pädagogen begleiten sollte, wartete schon an der Türe. Gemeinsam machten sie sich auf den Weg.

*Ihnen ging es auch nicht besser: Lehrer und Schüler beim Unterricht. Die zu beiden Seiten des Lehrers sitzenden Schüler lesen in großen Buchrollen, während der dritte Junge Schreibtäfelchen in der Hand hält.*

Den Unterricht bot Caius Iulius Simplicius an. Er arbeitete in Mogontiacum eigentlich als Anwalt und war für seine eleganten, schwungvollen Reden bei Gericht bekannt. Gleichzeitig übte er das Amt eines Kaiserpriesters im benachbarten Aquae Mattiacorum aus.

In dem Raum, den Linus und Felix betraten, standen nur einige Bänke und Tische. Mehrere Jungen waren hier bereits mit verschiedenen Aufgaben beschäftigt. Zwei ältere Schüler fertigten eine Rede zu einem von Simplicius vorgegebenen Thema an, andere lösten mit Hilfe eines Rechenbretts Mathematikaufgaben. Die meisten Knaben im Alter von Linus und Felix übten intensiv das Schreiben. Entweder hatten sie Papyrusfetzen oder Holzbrettchen vor sich liegen, auf denen sie mit Tinte schrieben, oder sie benutzten die kleinen Wachstäfelchen, die Linus und Felix vom Markt her kannten. Die leichte Vertiefung in diesen Täfelchen war mit schwarzem Wachs gefüllt. Wenn man mit einem zugespitzten Metallstift darauf schrieb, hoben sich die Buchstaben auf dem dunklen Hintergrund hell ab. Fehler konnten mit dem abgeflachten Ende des Griffels leicht korrigiert werden.

*Ein römischer Spickzettel: Auf den beiden Seiten des nur wenige Zentimeter großen Specksteins ist das gesamte Alphabet eingeritzt.*

„Ach, da kommen ja Felix und Linus", sagte Simplicius freundlich zu den beiden Neuankömmlingen. „Herzlich willkommen! Ich freue mich, daß auch Ihr Rechnen und Schreiben lernen wollt. Deshalb beginnt Ihr am besten gleich mit den ersten Schreibübungen."

Bei diesen Worten händigte er jedem als Vorlage einen kleinen Speckstein aus, auf dem alle Buchstaben des Alphabetes eingeritzt waren. Linus war aber sehr enttäuscht, als Simplicius ihnen kein Wachstäfelchen, sondern nur eine Schiefertafel gab und ihnen zunächst einmal zeigte, wie sie den Griffel richtig zu halten hatten. Dann mußten Linus und Felix mit einfachen Buchstaben wie ‚I' und ‚E' anfangen und sorgfältig darauf achten, daß sie schön gleichmäßig erschienen und nicht zu lang oder zu kurz gerieten.

Neidisch schaute Linus zu den anderen Jungen hinüber, die bereits Wachstäfelchen vor sich liegen hatten.

„Auch das werdet Ihr bald können", flüsterte einer von ihnen Linus zu. „Wir haben erst vor wenigen Wochen genauso angefangen wie Ihr!" Die Jungen waren schon dabei, das Zusammenschreiben von Buchstaben zu üben. Vor allem auf Denkmälern wurden Buchstaben oft verkürzt, um Platz zu sparen. Statt eines ‚I' und eines ‚N' schrieb man ‚**N**' und für ‚AX' oder ‚NE' ‚**Æ**' und ‚**NE**'. Besonders sorgfältig mußte NTE zu ‚**NTE**' zusammengezogen werden, denn alle Buchstaben sollten deutlich zu erkennen sein. Simplicius, der seinen Schülern immer wieder über die Schulter schaute, hatte überall zu korrigieren und zu verbessern.

Die Stunden des Vormittages vergingen für Linus und Felix schnell. Sie hörten staunend, wie einer der älteren Schüler am Ende des Unterrichtes seine Rede vortrug, die ihnen sehr gut gefiel. Simplicius tadelte sie aber wegen einiger Fehler im Aufbau streng.

Bevor die beiden Freunde den Schulraum verließen, rief Simplicius ihnen hinterher: „Daß Ihr mir ja nicht anfangt, an allen Wänden Kritzeleien anzubringen oder auf Säulen das Schreiben zu üben! Meine Schüler sind gebildet und wissen, daß dafür nur Tafeln und Papyrus benutzt werden!“

Stolz kehrte Linus nach Hause zurück. Nachdem er seinen Eltern ausführlich von der Schule berichtet hatte, begann er, fleißig die Buchstaben zu üben. Schließlich wollte er möglichst schnell wie ein gebildeter Römer ein Wachstäfelchen oder Papyrus benutzen können.

## *Und wie geht es weiter?*

An dieser Stelle verlassen wir die beiden Freunde, aber sicher möchtet Ihr doch gerne wissen, wie das Leben von Linus weitergegangen sein könnte. Einem jungen Mann boten sich schon damals verschiedene Möglichkeiten.

Mit 18 Jahren konnte Linus in die römische Armee eintreten. Als Kelte durfte er zwar nicht in der Legion in Mogontiacum dienen, sondern wurde in eine Einheit der am obergermanischen Limes im Taunus oder in der Wetterau stationierten Hilfstruppen aufgenommen. Wenn Linus, wie er es sich als Kind erträumt hatte, zu einer Reitereinheit gekommen wäre, hätte er vielleicht im Kastell von Friedberg seinen Dienst abgeleistet. Dort war vermutlich die größte berittene Einheit der Wetterau stationiert, eine 1000 Mann starke Truppe. Als Fußsoldat wäre er vielleicht zur 2. Raeterkohorte abkommandiert worden, die auf der – heute rekonstruierten – Saalburg lag. Nach seiner ehrenvollen Entlassung, bei der er für sich und seine Kinder das römische Bürgerrecht erhielt, konnte er mit dem während seiner Dienstzeit angesparten Geld ein Gut in der Wetterau erwerben und fortan Landwirtschaft betrei-

ben. Die Besitzer boten ihre Erzeugnisse auf den Märkten der nahegelegenen Orte an oder verkauften sie direkt an das Militär.

Wenn Linus sich als Soldat in der Armee bewährte, wurde er vielleicht im Laufe der Zeit zum primuspilus befördert und bekleidete damit den ranghöchsten Posten, den ein einfacher Soldat erreichen konnte. Zu seinen Aufgaben gehörte es dann, die Ausbildung der Truppe zu überwachen und den Dienstbetrieb zu regeln.

Vielleicht war Linus aber auch pfiffig genug, sich von seiner Einheit aus zur persönlichen Leibwache des römischen Kaisers zu melden. Sie lag in Roma und begleitete den Kaiser auf allen Reisen und Unternehmungen außerhalb der Stadt. Dann hätte Linus nicht nur in einer der bedeutendsten Metropolen der damaligen Welt gelebt, sondern im Laufe der Jahre sicher auch viel vom Imperium romanum, dem römischen Weltreich, kennengelernt.

Genauso gut konnte Linus aber auch in Mogontiacum als Kaufmann ein Geschäft eröffnen und dabei so vermögend werden, daß er sich nach einigen Jahren eine ähnlich vornehme Villa in der Stadt bauen ließ, wie er sie früher bei Felix bewundert hatte.

Ganz gewiß aber blieben Linus und Felix ihr Leben lang gute, treue Freunde.

## Wissenswertes

### Heeresdienst

Der Eintritt in die römische Armee konnte frühestens mit 16 Jahren erfolgen. Nach einer 25jährigen Dienstzeit bei einer Fußtruppe (cohors) oder einer Reitereinheit (ala) wurden die Soldaten ehrenvoll entlassen (‚missio honesta') und mit Land oder mit Geld abgefunden. – Die römischen Namen der Kastelle auf der Saalburg und in Friedberg sind nicht bekannt. Die für die Saalburg nachgewiesene 2. Raetische Kohorte war ursprünglich in Raetien (= Bayern) ausgehoben worden.

### Aufstiegsmöglichkeiten

Alle Truppen des römischen Heeres waren in Kohorten, diese wiederum in Centurien (Hundertschaften) gegliedert. Jede Centurie unterstand einem primuspilus genannten Befehlshaber. Der primuspilus der ersten Kohorte war der höchste Rang, den ein einfacher Soldat erreichen konnte.

### Leibwache

Der in Roma (= Rom) stationierten Leibgarde des römischen Kaisers, den equites singulares, gehörten Soldaten aus so entfernten Provinzen wie Germanien oder Syrien an.

# *Abbildungsnachweis*

Gäubodenmuseum Straubing S. 91.
Landesamt für Denkmalpflege Rheinland-Pfalz, Bodendenkmalpflege S. 8. 23. 27. 34. 50. 53. 54. 64. 65. 78. 103. 116. Plan Vorsatz.
Landesmuseum Mainz S. 16. 33. 59. 70. 71. 86. 102.
Landesmuseum Wiesbaden S. 42. 79. 90. 92.
Museum Worms S. 40.
Saalburg-Museum Bad Homburg v.d.H. S. 95.
Schmidt, H., Karlsruhe S. 12.
Cornelsen-Verlag S. 22.
Bordenache Battaglia, G., Corredi Funerari Di Età Imperiale E Barbarica Nel Museo Nazionale Romano (1983) S. 84.
Führer und Schriften des Archäologischen Parks Xanten 11[2] (1991) S. 96.
Die Römer an Mosel und Saar. Zeugnisse der Römerzeit in Lothringen, in Luxemburg, im Raum Trier und im Saarland (1983) S. 111. 115.
L. Wamser (Hrsg.), Die Römer zwischen Alpen und Nordmeer (2000) S. 48. 108.